推薦のことば

　子ども達に囲まれ、にこやかに微笑〔　　　〕さん。

　子ども一人ひとりの心に寄り添い、その総てを受け止め肯く彼女の後ろ姿に、一里親の私は眩しくほのぼのとした温もりを覚えます。こうした彼女をしっかりと受け止め、支えていらっしゃる思慮深く優しいご主人の存在もまた羨ましい限りです。

　お二人は、これまでに沢山の子どもたちを里子とし、実親にも勝る養育に専念されてきました。分け隔てない愛情をもって、これから育ちゆく子どもとともに親育ちの体得を示されているようです。

　現在、私は、吉田さんと縁あって、平成28年10月から今日まで、勧告後の全国里親会を改善する新体系の役職を担わせていただいています。

　児童福祉制度において、児童虐待防止や児童の権利擁護などを踏まえた新しい社会的養育ビジョンを受け止めるこの数年間に、吉田さんから教わったものは余りあります。里親制度の課題解決に向けて努める中、それは、物やお金ではない大きな包容力と、人を容認し、肯く姿勢が肝要であるということでした。彼女は、いつも明るく誰にでも気安く話しかけられる特技（？）があり、安心して寄りかかることができる良き相談役です。

　この著書は、そうした彼女の里親人生からなる知性と感性が如実に表出されたものであり、里親として家庭的養育の大切さを遍く人たちに切々と伝えるエールです。

公益財団法人全国里親会　会長　河内美舟
　　　　　　　　　　　　　　　　　こうち　み　ふね

　国内の新型コロナウイルス感染者数は令和4年9月には2千万人を超えてしまい、イベントや帰省等が感染再拡大防止のために規模の縮小や取りやめになるなど、人々の生活に多くの影響が出ました。また、子どもたちにとっても、オンライン授業が当たり前となり、小学生でさえタブレットを自在に使いこなすなど、本書の初版を世に出した後の3年間で、私たち里親家庭を取り巻く環境は大きな転換を迎えました。

　令和元年6月に成立した児童虐待防止対策の強化を図るための児童福祉法等の一部を改正する法律（令和元年法律第46号）では、「児童虐待防止対策の強化を図るため、児童の権利擁護、児童相談所の体制強化及び関係機関間の連携強化等の所要の措置を講ずる」とされましたが、児童虐待相談対応件数はうなぎのぼりで増加の一途をたどってきました。

　そこで、子育てに困難を抱える世帯がこれまで以上に顕在化してきている状況等を踏まえ、子育て世帯に対する包括的な支援のための体制強化等を行うとして、令和4年6月15日、児童福祉法等の一部を改正する法律（令和4年法律第66号）が公布されました。

　令和4年9月には、令和3年度の児童虐待相談対応件数の速報値が過去最多の20万7,659件と発表され、前年度の20万5,044件より約1.3%（2,615件）の増加率となったことがわかりました。

　国は、令和5年4月に「こども家庭庁」を創設します。

　こども家庭庁には、内閣府の子ども・子育て本部と厚生労働省の子ども家庭局が移管することになっており、内閣総理大臣のもとに、こども政策を担当する大臣や、こども家庭庁長官を

里親に 改訂版
なりませんか
子どもを救う制度と
周辺知識

全国里親会評議員
吉田菜穂子【著】

日本法令®

置き、職員300人体制でスタートします。

　こども家庭庁は、①全体の指令をする企画立案・総合調整部門、②子どもの育ちをサポートする成育部門、③特に支援が必要な子どもをサポートする支援部門で構成されます。

　私たち里親は③の部門の管轄とされている、「要保護児童」と呼ばれる支援が必要な子どもを預かって養育していきます。

　また令和4年6月には、子どもをど真ん中に据えた「こども基本法」（令和4年法律第77号）が公布されました。

　里親制度は、今までは厚生労働省の管轄下にありましたが、今後は内閣府の管轄下に置かれることになりました。

　初版の発行から現在に至る制度改正等は、おおむね以上のように整理できます。

　ところで、皆さんは「ヤングケアラー」という言葉をお聞きになったことはありませんか。

　法律上の言葉ではありませんが、本来大人がするべき家事や家族の介護、幼いきょうだいの世話、家計を助けるためのアルバイトなどを日常的にしている18歳未満の子どものことを指します。

　コロナ禍になって、身近を見まわしても、ヤングケアラーと呼ばれる子どもがずいぶん増えたような気がしています。以前は、いじめや発達障害などを原因として学校に行っていない子どもが多く見受けられましたし、私たち里親の元にもそういった子どもの多くが預けられてきました。ところがこの頃は、子どもを守るべき親御さんが、わが子に家事やきょうだいの世話をさせており、こうした状況からヤングケアラーを預かる例が後を絶ちません。

　子どもは、どの子も健やかに育つ権利を持って生まれてきて

います。次代の担い手である子どもたちが、保護者の都合で不登校になるということは許されることではありません。

　国・地方自治体の取り組みや、テレビコマーシャルのおかげもあり、「里親」という言葉がだいぶ認識されるようになりました。そして、「私にも里親ができますか」との質問もいただくようになりました。

　四半世紀前の青葉が薫るころ、私たち夫婦が里親になるために訪れた児童相談所は、古びた建物の一角を間借りした貧相なものでした。職員も10人余りしかいなかったように記憶します。簡素なテーブルとイスだけが置かれた部屋で、「よく考えて、それでもと思うなら」と何度も念を押されましたが、足しげく通い、里親申請書類を受理していただいたのは、懐かしい思い出です。自治体による里親研修などは何もなかった時代です。すぐさま紹介された里親会で、先輩里親に付いて活動に参加しました。登録が認められたのは、児童相談所の職員とすっかり顔見知りになった、落ち葉が舞い始めた頃でした。

　この年、平成10年度の登録里親は7,490家庭で、2,132名の子どもが委託されていました。

　母のような母親になりたいとずっと思ってきました。そして、69人の子どもたちが、私をお母さんと呼んでくれました。

　ほんの少しのご縁しか結べなかった子どももいれば、大人になっても出て行かない子どももいます。なしのつぶての子どももいれば、何度も出入りを繰り返す子どももいます。

　どの子どもも幸せになってもらいたい。母としてただそれだけが願いです。

非血縁の子どもを育て血縁のあるご家庭に戻す養育里親。
被虐待や障害のための生きづらさに寄り添う専門里親。
血縁はないけれど、法的に親子になる養子縁組里親。
なかでも、唯一の親になる特別養子縁組。
そして、数は少ないけれど、血縁の子どもを預かる親族里親。

　どの里親も、親としてただひたすら子どもの幸せを願い、慈しみ、守ることしかできません。里親は、ただそれだけの繰り返しの日々を送ります。

　お母さん。
　私はあなたのようなお母さんになれたでしょうか。
　お父さん。
　私が選んだ夫はあなたのようなお父さんをしていますか。

　私たち夫婦も、いよいよ高齢者夫婦の仲間入りをします。
　そして、育てた子どもたちは、孫を連れてやってきます。里親になったおかげで、多くの出会いをいただきました。この喜びは何物にも代えがたいものです。
　多くの皆さんが、里親として、ともに子どもたちの幸せのために活躍してくださいますよう、心を込めてメッセージを送ります。

　　　　　“里親になってくださいませんか。
　　　　　　あなたの心が、子どもを救うのです。”

　　　　　　　　　　　　　鶯の雛が一生懸命啼いています。
　　　　　　　　　令和5年如月　　吉田菜穂子
　　　　　　　　　　　　　　　　　（よしだ なおこ）

〔 目 次 〕

推薦のことば

まえがき

凡　例　法…児童福祉法

児童虐待防止法…児童虐待の防止等に関する法律

序　章

里親をめぐる動向

第 1 節　大きくなる里親の社会的役割

I　国による支援体制強化

（1）児童相談所の増加

　令和 5 年 2 月 1 日時点で、全国には230か所の児童相談所（略称を児相といいます）があり、そのうち151か所に一時保護所が設置されています。令和元年度と比べると、 4 年間で児相は15か所、保護所は12か所増設されました。

　厚生労働省の発表によると、平成30年12月の児童虐待防止対策に関する関係府省庁連絡会議において決定した児童虐待防止対策体制総合強化プラン（新プラン）では、令和 4 年度までに児童福祉司を5,260人体制（約2,020人の増員）とすることを配置目標としていましたが、令和 3 年度には5,168人に到達し、前倒しで目標に近づきました。そこで、令和 4 年度は新たに5,765人（505人の増員）を目標とするなど、国は積極的に取り組んでいます。

　児童相談所における児童虐待相談対応件数の推移を見ると、平成27年度に10万件を突破し、平成30年度には16万件に迫り、令和 2 年度の児童虐待相談対応件数は20万5,044件で、とうとう 5 年間で 2 倍になりました（詳細は第 2 章第 1 節参照）。令和 3 年度は20万7,660件で、前年に比べ2,616件の増加にとどまり、増加率は1.01倍と落ち着いてきました。国の施策の成果が現れ始めたのでしょう。しかし、10年前の平成23年度の 5 万

9,919件と比較すると、3.47倍に増えています。

（2）法や相談窓口の整備

　深刻さを増す一方の児童虐待の増加と、著しい家庭での養育能力の低下を背景に、児童虐待防止を図ることを目的として、令和元年6月の改正児童福祉法と改正児童虐待防止法で、児童の権利擁護として、実親・里親・福祉施設長などによる体罰禁止が明文化され、令和2年4月より施行されています。

　国民がわかりやすいように、厚生労働省では、児童相談所虐待対応全国共通無料ダイヤル「189」（いちはやく）を導入して、通告・相談ができるようにしました。

　また、文部科学省では、子どもや保護者が24時間相談できる全国共通のSOSダイヤル「0120-0-78310」（なやみいおう）を設置していますし、法務省では子どもの人権110番として、いじめや虐待など子どもの人権に関する専用相談電話「0120-007-110」で相談を受け付けています。

（3）里親への支援と連携強化

　新プランでは、児童相談所の体制強化と関連機関との連携強化も打ち出されています。また、里親養育支援体制の構築および里親委託の推進も盛り込まれており、里親の社会的な役割がさらに大きくなっています。

　特に、新プランで「里親支援体制の構築及び里親委託の推進を図るため、各児童相談所に、里親養育支援のための児童福祉司を配置する」とされたことで、各児相には児童福祉司とともに常勤の里親担当職員も配置されるなど、里親への支援も始ま

りました。

　さらに、NPO法人や社会福祉法人等が、里親養育包括支援
（フォスタリング）機関として都道府県市の委託を受け、里親
の広報やリクルート、アセスメント、里親に対する研修、子ど
もの里親委託中における里親養育への支援を行い、質の高い里
親養育のために地域の里親会と連携するなど、さまざまな工夫
も図られるようになりました。

（4）令和4年6月に成立した改正児童福祉法

　令和4年6月8日参院本会議で改正児童福祉法が可決、成立
し、多くの里親が願ってきた子どもの自立支援に関して、原則
18歳、最長22歳となっている現行の年齢制限が撤廃され、自立
可能と判断された時期まで継続して支援ができることになりま
した。また、虐待を受けた子どもを親から引き離す一時保護に
ついては、保護の要否を裁判所が審査する制度も導入されてい
ます。

（5）ケアリーバーへのサポート強化

　社会的養育経験者をケアリーバーと呼ぶのですが、そのよう
な子どもたちのサポートを強化するため、相談を受ける拠点の
整備もされるようになります。「こども家庭庁」では、施設や
里親の元で育った社会的養護経験者や、支援や保護が必要で
あった若者について、伴走型の支援や、複合的な課題にも対応
できる多職種・関係機関の連携による自立支援を進めるとし
ています。

Ⅱ　里親制度の変遷

（1）私的契約から登録数のピークまで

　里親制度をひも解くと、戦前の、当事者同士の取り決めを個人が取り交わし、子どもの養育を依頼する私的契約に始まります。

　しかし、昭和22年12月12日に児童福祉法が制定され、昭和23年11月3日に里親による里子の養育が公的制度の下に一元化されると、それまでの私的契約によるものから公的措置によるものへと里親の位置付けが変化し、現在の里親制度ができあがりました。

　今の65歳前後の方が生まれた昭和30年代前半は、子どもの数も多く、50人学級も珍しいことではありませんでした。1学年が10クラス以上というマンモス校さえありました。日本が高度成長社会に突入していました。子どもの数が多いように、里親の登録数もピークでした。

　昭和50年代になると、人々の暮らしは豊かになりましたが、反比例するように里親は1万家庭を割ってしまいました。その後も里親は減少を続け、昭和62年の民法改正「特別養子制度の創設」で、里親養育は養子縁組を希望する方か、一部の奇特な方がするものとのイメージが定着していったように思います。その後、平成14年の里親制度改正、平成20年の児童福祉法改正と変革が行われ、里親制度の普及を期待しましたが、残念ながら大きな成果を得ることはできませんでした。

（2）平成28年の児童福祉法改正

　ところが、平成28年児童福祉法改正で、国および地方公共団体は、児童が「家庭」において心身ともに健やかに養育されるよう、児童の保護者を支援すること、ただし、児童を家庭において養育することが困難であり、または適当でない場合は、児童が「家庭における養育環境と同様の養育環境」において継続的に養育されるよう、また、児童を家庭および当該養育環境において養育することが適当でない場合は、児童ができる限り「良好な家庭的環境」において養育されるよう、必要な措置を講ずること（法3条の2）とした家庭養育優先原則が広く示されました。そして、「家庭における養育環境と同様の養育環境」である養子縁組・里親家庭・ファミリーホームがクローズアップされ、里親の普及啓発から児童の養育に関する計画の作成までの一貫した里親支援が都道府県（児童相談所）の業務として位置付けられたのです。

　令和の時代に入り、社会的養護は、社会的養育へと大きな転換を迎えます。子どもの保護から、子どもの持つ当然の権利としての家庭での養育の支援、家庭と同じような暮らしの提供が当たり前へと変わったのです。

（3）児童福祉の担い手として

　令和3年度の登録里親は1万5,607家庭で、半世紀以上前の昭和43年度と同程度に回復してきました。委託された子どもの数はファミリーホームを合わせておよそ7,000人で、昭和38年頃と同程度になり、また、委託率では昭和30年代に並び、里親制度全盛期に近づいてきています。

　児童虐待防止が児童福祉の最も重要な課題となりました。里親自身が、ボランティアという出発点と社会的養育を担うという現在の立ち位置を十分に理解する必要が出てきました。

　令和4年6月15日に出された「被措置児童等虐待対応ガイドラインについて（通知）」（平成21年3月31日雇児福発0331002号障障発第0331009号厚生労働省雇用均等・児童家庭局家庭福祉課長　社会・援護局障害保健福祉部障害福祉課長連名通知）による当該ガイドラインの一部改正では、次の2点が新設されています。

　Ⅰ　被措置児童等虐待の防止に向けた基本的視点
　　➡「里親による子どもの権利保障と養育実践」
　Ⅱ　被措置児童等虐待に対する対応
　　➡「里親・ファミリーホームにおける予防的な視点」

　このことは、里親が児童福祉施設と並ぶ重要な児童福祉の担い手として同格になったということを意味しているといえます。

　ごくふつうの、ごく一般的な暮らしの中で、子どもの生きる力が育まれます。愛情あふれる生活をする里親家庭での子どもの育みが、子どもを未来に導く原動力になります。

　私たち里親には、力はありません。名誉もありません。お金もありません。しかし、あふれんばかりの子どもを想う気持ちがあります。1人でも多くの実の家庭で生活することが困難な子どもたちが、あふれんばかりの愛情を受けて育つことができるよう、実のお父さん、お母さんの代わりとなって自立に導いてくれる養育里親、また養子縁組によって子どもの新しいお父さん、お母さんになってくれる方を求めて待っているのです。

第2節　こども家庭庁と　こども基本法

　令和4年6月15日参議院本会議において「こども家庭庁設置法」と「こども家庭庁設置法の施行に伴う関係法律の整備に関する法律」が可決、成立しました。

　この法律は、「こども政策の新たな推進体制に関する基本方針」（令和3年12月21日閣議決定）に基づいたもので、これにより、令和5年4月1日に、総理大臣直属の機関として内閣府の外局に「こども家庭庁」が創設されることになりました。こども家庭庁は、こども政策の司令塔として、他省庁への勧告権を持ちます。

　令和5年3月31日までは、厚生労働省では子どもに対する施策を子ども家庭局が所掌し、里親の監督に関しては家庭福祉課、また児童虐待防止に関しては虐待防止対策推進室が所掌事務を担っていました。4月からは、子ども家庭局がこども家庭庁に移り、新たな門出を迎えます。

　また時を同じくして、議員立法で「こども基本法」（令和4年法律第77号）も成立しました。こちらも施行は令和5年4月1日です。「日本国憲法及び児童の権利に関する条約の精神にのっとり、次代の社会を担う全てのこどもが、生涯にわたる人格形成の基礎を築き、自立した個人としてひとしく健やかに成長することができ、心身の状況、置かれている環境等にかかわらず、その権利の擁護が図られ、将来にわたって幸福な生活を送ることができる社会の実現を目指して、社会全体としてこど

も施策に取り組むことができるよう、こども施策に関し、基本
理念を定め、国の責務等を明らかにし、及びこども施策の基本
となる事項を定めるとともに、こども政策推進会議を設置する
こと等により、こども施策を総合的に推進する必要がある。」
との理由で制定されました。

　子ども政策の基本理念等を定めたこの法律には、平成6年に
日本が批准した、国連の「子どもの権利条約」の精神に基づき、
全ての子どもの基本的人権の保障と、条約に掲げられている
「子どもの意見表明権」などが明記されています。日本ユニセ
フ協会が歓迎のメッセージを出すなど、多くの子どもの人権に
かかわる団体が、こども基本法に期待を寄せています。

第1章

里親制度とは

第1節　児童福祉法と里親

Ⅰ　里親養育への流れ

　里親養育とは、家庭での養育ができない子ども（要保護児童）を児童相談所から預かり、親に代わって養育することです。これを代替養育と呼びます。里親は、実親の代わりに、預かった子どもの将来を考え、何よりその子どもの気持ちに寄り添いながら養育します。同時に、社会に対して子どもの声を届けるため代弁します。家庭という私的空間において生活しながら、社会的な役割を果たすところに、里親養育のよさがあります。

　国の保護を要する子どもたちへの施策が、里親養育へと大きく舵を切ったのは、平成28年6月3日の児童福祉法改正です。児童福祉法の理念の明確化が初めて打ち出され、子どもの権利擁護の視点に立ち、それまでの子どもの保護を中心とした児童福祉施設での養護から、家庭と同様の環境で養育する里親養育へと方向転換をしました。厚生労働省は、「家庭は、児童の成長・発達にとって最も自然な環境であり、児童が家庭において心身ともに健やかに養育されるよう、その保護者を支援することが重要であることから、その旨を法律に明記する」とうたいました。

　子どもの養育の責任は、第一には親権者である実親にあり、子どもは家庭で育つ権利があります。しかし、それがかなわないときは、家庭と同様の環境にある養子縁組や、里親家庭、里

親家庭の拡大版であるファミリーホームで継続的に生活することが、子どもの生きる権利を保障することになります。

　ただし、専門的なケアが必要で、一般的な里親家庭での生活が難しい場合は、施設で生活をすることになります。しかし、その場合でも、グループホーム等のできるだけ小規模で家庭に近い環境の中で生活できるようにすることが重要です。

　児童相談所に保護された子どもたちの受け皿として、なぜ国は、特別養子縁組、里親家庭、ファミリーホームでの生活を推進するのでしょうか。

　里親による養育は、特定の大人との愛着関係を築くことを可能にします。これにより、自己肯定感が生まれ、基本的信頼感を培うことができるとされています。これは、実親や親族に育てられない子どもにとって、重要な意味を持ちます。また、里親家庭が、将来子どもが家庭を持ったときの家庭のモデルとなり、子どもが新たな家庭像を作ることが可能になるとされました。地域社会で生活を営む里親家庭で生活することは、社会性を獲得していくことにつながります。何気ない暮らしの中で、一つひとつ生活の技術を獲得していくのです。また、実家的機能を発揮するのも、里親養育の特徴です。

　里親は24時間365日、血縁のない保護を要する子どもたちの欲求を受け入れて生活をします。その生活の中で、社会的規範を教え、文化を伝達しながら、全人的に慈しみ育て、社会で生きるための力をつけさせるという仕事をしていきます。しかし、里親数は大変少なく、社会的に絶対少数者です。

　そういった意味で、児童福祉の中で、里親として生きるとはどういうことなのか、里親になるというのはどのような意味を

持つのかという視点で、まずは児童福祉法を見ていきましょう。

Ⅱ　子どものあるべき環境

（1）児童福祉法上の規定

　国と地方公共団体は、児童が家庭で健やかに養育されるように保護者を支援しなければなりません。ただし、保護者が家庭で児童を養育することが困難、または適当でない場合には、家庭における養育環境と同様の養育環境で継続的に養育し、それが適当でないときには、できる限り良好な家庭的環境で養育されるよう必要な措置を講じなければなりません。このように、国と地方公共団体の責務が、児童福祉法には明記されています（児童福祉法３条の２、３）。

　なお、児童福祉法で、児童とは満18歳に満たない人を指し、乳児・幼児・少年に分けられます[※1]。そして、保護者がいなかったり、保護者に養育させることが困難な児童を要保護児童と呼びます。

　里親は、児童福祉法６条の４[※2]に規定されています。また、里親家庭の規模を大きくした形態であるファミリーホーム（小規模住居型児童養育事業）についても、児童福祉法６条の３[※3]に規定があります。

--- 【 関 連 条 文 】 ---

●里親にまつわる児童福祉法の規定

第４条[※1]　この法律で、児童とは、満18歳に満たない者をいい、児童を左のように分ける。

1　乳児　満1歳に満たない者

2　幼児　満1歳から、小学校就学の始期に達するまでの者

3　少年　小学校就学の始期から、満18歳に達するまでの者

第6条の3^{※3}

⑧　この法律で、小規模住居型児童養育事業とは、第27条第1項第3号の措置に係る児童について、内閣府令で定めるところにより、保護者のない児童又は保護者に監護させることが不適当であると認められる児童（以下「要保護児童」という。）の養育に関し相当の経験を有する者その他の内閣府令で定める者（次条に規定する里親を除く。）の住居において養育を行う事業をいう。

第6条の4^{※2}　この法律で、里親とは、次に掲げる者をいう。

1　内閣府令で定める人数以下の要保護児童を養育することを希望する者（都道府県知事が内閣府令で定めるところにより行う研修を修了したことその他の内閣府令で定める要件を満たす者に限る。）のうち、第34条の19に規定する養育里親名簿に登録されたもの（以下「養育里親」という。）

2　前号に規定する内閣府令で定める人数以下の要保護児童を養育すること及び養子縁組によつて養親となることを希望する者（都道府県知事が内閣府令で定めるところにより行う研修を修了した者に限る。）のうち、第34条の19に規定する養子縁組里親名簿に登録されたもの（以下「養子縁組里親」という。）

3　第1号に規定する内閣府令で定める人数以下の要保護児童を養育することを希望する者（当該要保護児童の父母以外の親族であつて、内閣府令で定めるものに限る。）のうち、都道府県知事が第27条第1項第3号の規定により児童を委託する者として適当と認めるもの

＊こども家庭庁設置法の施行に伴う関係法律の整備に関する法律（令和4年法律第76号、令和5年4月1日施行）により、掲載条文において、厚生労働省令が内閣府令に改められています。

　里親の種類としては、要保護児童を養育することを希望する養育里親と、要保護児童との養子縁組を希望する養子縁組里親、父母以外の親族で児童を委託される親族里親があります（詳細は本章第3節参照）。なお専門里親は、養育里親に含まれます。

　里親に関する都道府県の業務についても記載があり、5項目が規定されています（児童福祉法11条の2）。

(1) 里親に関する普及啓発
(2) 里親の相談、必要な情報の提供、助言、研修その他の援助
(3) 里親と乳児院、児童養護施設、児童心理治療施設または児童自立支援施設に入所している児童および里親相互の交流の場の提供
(4) 里親の選定および里親と児童との間の調整
(5) 児童や保護者、里親の意見を聞いて児童の養育に関する計画を作成

　また、養子縁組についても規定があります。そこでは、養子縁組をする当事者である子どもや生みの父母、養子が欲しいと希望する人、また縁組が完了して養子となった子どもや養親までを援助の対象としています。つまり児童相談所は、養子縁組を希望する段階から、縁組が終了した後も、その相談や援助を行うことが明記されています。

　養子縁組里親や養親の声をひろうと、「特別養子縁組が終了した後の縁組里親と子どもに対して、特別なフォローがないので、きめ細かな相談体制を残してほしい」という要望が数多く

あがってきます。

　そう考えると、縁組が終了したからといって児童相談所とのかかわりを絶つということは、子どもの福祉にとってはマイナスであるということがわかります。

　都道府県知事は、法律に基づいて、里親や小規模住居型児童養育事業を行う者に、子どもの保護についての必要な指示や報告を命じることができます。実務的には、里親は児童相談所長の指導に従わなければなりません。

　以上のように、里親とは法律に規定されている立場にあります。これを肝に銘じて、日々、子どもたちの養育に励まなければなりません。

（2）家庭における養育環境と同様の養育環境

　改正された児童福祉法では、「家庭」（実父母や親族等を養育者とする環境）で生活することが、子どもの成長、発達において、最も自然なことであり、子どもの保護者に第一義的には全ての責任があるとしています。しかし、それと同時に、国と地方公共団体が、子どもが家庭において心身ともに健やかに養育されるために、子どもの保護者を支援することも明記しています。

　前述の通り、家庭での養育がかなわない場合には、子どもの福祉のために、「家庭における養育環境と同様の環境」における養育をすることが示されました。この家庭養育原則の徹底のため、「家庭における養育環境と同様の養育環境」である養子縁組や、里親養育、ファミリーホームでの委託が進められるようになったのです。

　特に乳幼児期は、愛着関係の基礎をつくる時期であり、児童が安心できる安定した家庭で養育されることが重要であることから、養子縁組や里親・ファミリーホームへの委託を原則とします。

　専門的なケアを要する場合など、里親委託が適当でない場合はどうでしょうか。その場合でも、できる限り「良好な家庭的環境」、すなわち、施設のうち小規模で家庭に近い環境（地域小規模児童養護施設や小規模グループケア等）で養育することが求められています。

　現在、社会的養育が必要な子どもの生活の場は、児童養護施設や乳児院が76.5％を占め、里親等は23.5％に過ぎません。これを逆転させたいというのですから、国の本気度を感じます。

　また、社会的養育をするには、支援の順番が何より大切だと言われています。児童福祉法にのっとった考え方では、まず第一に「家庭」、つまり親や親族による家庭での養育を支援する。それが困難な場合に、「家庭における養育環境と同様の養育環境」である養子縁組を考える、あるいは養育里親やファミリーホームでの養育を模索する。それでもなお困難な場合に、「良好な家庭的環境」である小規模のグループホーム等での生活を考えるべきとされています。

Ⅲ　里親委託の推進

(1) 課　題

　平成29年8月に、今後の社会的養育の在り方を示す「新しい社会的養育ビジョン」（詳細は第2章第1節Ⅱ）が発表され、日本の要保護児童対策は、施設養護から家庭養護へと大きく舵を切りました。その担い手となる里親をどのように増やし、どう支援していくかが、これからの大きな課題となりました。

　全国里親会では、里親制度と養子縁組制度が混同され世の中に正しく認知されていないこと、里親の高齢化、委託できる里親が少ないこと、里親に対する相談体制が不十分などの問題を指摘してきました。

　現場の里親からは、「民生委員・児童委員さんでも、里親のことをよくわかっていない人が多い」「学校の先生に里親家庭のことをよくわかってほしい。特に、高校の先生の中には全く里親家庭のことを知らない方もいるので、理解を深めていただきたい」との声が数多く寄せられます。

　ほかにも、「里子は突然問題行動を起こしてしまうので、SOS を出したいときにすぐに連絡が取れるような体制を作ってほしい」「児相の担当者の携帯電話ぐらい教えてほしいが、せめて緊急用の里親専用ダイヤルが欲しい」といった切実な声も多くあったので、民間業者に委託する方法などで、児相の夜間連絡体制が整備されるようになりましたが、まだ里親の要求レベルには追い付いていないようです。

（2）自立支援の充実

　「高校卒業後の自立支援に、本気で取り組んでほしい」「措置解除後の里子のフォローは、里親のボランティアに頼っているのが実情なので、そこを何とか考えていただきたい」との子どもの自立支援を求める声に応える形で、令和4年6月には児童福祉法等の一部を改正する法律（令和4年法律第66号）で、児童自立生活援助の年齢による一律の利用制限を弾力化することが示されました。さらに、社会的養育経験者等を通所や訪問等により支援する拠点を設置する事業を新たに創設することが決定しています。

　そして、令和5年度に創設されるこども家庭庁の概算要求では、自立支援の年齢の要件を緩和し、22歳の年度末以降の支援についても可能とするとともに、定期的に医療機関を受診している場合の自立支援資金の貸し付けについても充実を図るとしています。

（3）こども家庭庁による里親支援

　里親のリクルートについて、「地域で里親のことを発信する機会があれば」「里親開拓は行政の仕事だと思うが、里親として生の声も届けたい」「幼稚園や保育所等で里親制度の話をしたらどうか」など、協力の考えを示す里親も数多くいました。

　こども家庭庁は、里親の開拓や研修、子どもと里親のマッチング等の里親支援に包括的に取り組もうとするフォスタリング機関の支援、職員等に対する研修、全国フォーラムを開催する事業を創設するとしています。

　平成29年4月1日に施行された児童福祉法の改正では、里親

制度の広報啓発、里親開拓から、実際の委託、相談や、家庭訪問をはじめとした支援、里親に委託された子どもの自立支援に至るまで、一貫した里親支援が都道府県の業務と位置付けられました。

　筆者自身も里親の当事者団体として、何とか里親制度を広めたいと賛成してきた里親の委託率を向上させるための施策については、国の具体的な里親委託の数値目標に対して、各地方自治体からは反対の声が上がりました。しかし、都道府県社会的養育推進計画に基づく「見える化」により、都道府県別の里親委託率の公表が行われ、国は里親委託への強い意気込みを表しました。

　今後こども家庭庁は、里親支援センターを設置し、里親の普及啓発、里親の相談に応じた必要な援助、入所児童と里親相互の交流の場の提供、里親の選定・調整、委託児童等の養育の計画作成といった里親支援事業や、里親や委託児童等に対する相談支援等を行う予定です。

　多くの社会的養育の子どもたちが社会で力強く羽ばたいて生きていけるように、国・都道府県・そして里親が一丸となって、全力で支援していくことが望まれています。

★コラム★　施設を転々とした男児

　筆者が養育した子どもの中に、施設を転々とした成育歴を持つ男児がいました。

　彼は、生後1週間で実母が失踪したため乳児院に入り、2歳で児童養護施設に移りました。さらに小学校5年生で情緒障害児短期治療施設（現在の児童心理治療施設）に移り、その後、元の児童養護施設に戻りました。しかし問題行動が多発し、児童自立支援施設へ行くことになりました。その後、また元の児童養護施設に戻りましたが、やはりうまくいきません。高校1年の終わり頃に里親委託となり、筆者のところにやってきました。

　1年後、突然実母が現れて家庭復帰しました。彼は、「あと1年で卒業だからもうちょっと待って」という周囲の声を振りきって、夢にまで見た実母の元に帰ったのです。しかし、継父による虐待で、とうとう袂を分かちました。結局、高校には行かせてもらえず放浪生活を送りました。

　大人になったある日、突然彼が筆者のところに現れたときには、筆者を含め周囲は大変驚きましたが、ほどなくわが家との交流が始まりました。わずか1年しか一緒に暮らしていませんが、またお母さんと呼んでくれています。

　この男性は、愛着障害と診断されています。生育歴に見られる転々とした施設生活を考えれば、明らかな人権侵害であり、素人目に見ても、養育環境による愛着障害としか言いようがないと思えます。最初から里親委託であったなら、彼の人生はどうなっていたでしょうか。もっといろいろな選択肢を自分で選ぶことができたのではないかと、憤りを感ぜずにはいられません。

第2節

里親制度の意義

Ⅰ　里親が求められる背景

（1）一時保護の増加

　一時保護とは、児童相談所が必要と認めたときに、子どもを一時保護所や里親、児童福祉施設などで短期間保護する行政行為です。保護者の意思にかかわりなく実施することができます。子どもの生命の安全を確保する緊急保護や、適切な援助を定めるための行動観察などを行います。

　令和3年度の一時保護の状況を見ると、1年間に4万9,103件ありました。そのうち虐待による一時保護は、56％にあたる2万7,130件です。10年前の平成23年度は3万274件で、そのう

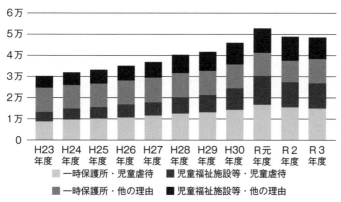

《1-1》一時保護の件数

ち虐待によるものが1万3,251件でしたので、虐待による一時保護は倍増していることがわかります。

　ピークは令和元年度で、5万2,916人の子どもが一時保護され、そのうち虐待を理由として保護された子どもは3万264人にのぼりました。その後少し落ち着いてきましたが、それでも一時保護は4万9千件を超えており、子どもを取り巻く環境は依然厳しい状況が続いています。

　一時保護された子どもの6割が児童相談所に付設される一時保護所で生活し、4割の子どもが児童養護施設や乳児院などの児童福祉施設等に一時的に入所しています。しかし、なかにはファミリーホームあるいはベテランの専門里親や養育里親に預けられている子どももいます。10年ほど前までは、ふつうの里親が虐待を受けた子どもを預かるということはありえないことでした。いかに子どもたちが切迫した状態なのかがうかがい知れます。

　一時保護された後、家庭の調査や子どもたち本人の様子が観察され、8〜9割は自宅に戻されますが、1〜2割の子どもは児童福祉施設等で生活することになります。

　例えば、令和2年度に一時保護された4万9,447人のうち、虐待を理由として一時保護された子どもは2万7,390人いますが、その後家庭に戻ることなく施設入所等した子どもは4,348人です。内訳を見ると、児童養護施設に2,274人、乳児院に663人、里親に656人、そのほかに755人が預けられています。

　虐待を受けた子どもをすぐに家庭に戻すことは、大変なリスクを伴います。養育する実親やそのパートナーが、子どもに対して十分に愛情をかけることが困難であるとき、手を出さないという保証はどこにもありません。そうなると、命にかかわることになるからです。この事実は、多くの痛ましい事件、報道

等によって皆さんの知るところでしょう。

　家庭で育つということは、社会に出るため、自立するための知恵や経験といった大きな糧を得るということです。しかし、虐待を受けて育つ子どもたちには、その根幹となる愛情が与えられず、糧を得ることがかないません。それどころか、時として命まで奪われる危険があるのです。

（2）愛着形成への寄与

　人は、何気ない毎日の営みの中に、自立へのステップがあります。例えば、親子で将来について話しあうこと、きょうだいげんかをすること、家族で迎えるお誕生日、クリスマスやお正月を祝う家庭行事、学校行事への参加や地域のお祭り、病気になることや治ることなど、常に家族が寄り添い、嬉しいときも、悲しいときも、苦しいときも、ともに喜び、ともに泣き、ともに笑う。その日常の一つひとつが、どれもかけがえのない経験であり、思い出になります。

　子ども時代を家族と寄り添うことが人間関係の基礎となり、人に対する基本的な信頼感を得ることができると、里親研修では講義されます。特に、乳幼児期における特定の養育者（ふつうは母親）との間に築く「愛着」は、その人が生きるための根幹となっていくと言われています。

　里親家庭にやってくる子どもの中には、虐待、あるいは発達の遅れなどから、何らかの問題を抱えた子どもが数多くいます。その中には、明らかに情緒が不安定で、対人関係を上手に築けず、愛着に問題を抱える子どももいます。

　里親制度の意義とは、家庭での養育に欠ける子どもに対し、調和のとれた発達のための温かい愛情と正しい理解を持った家

庭を与え、子どもの健全な育成を図ることです。

　子ども時代に特定の養育者から十分に愛されることは、人を愛することの基盤となります。里親家庭で培った里親への絶対的信頼感は、自尊心を養い、社会性の基盤をつくり、そして、その後の人生を大きく花開かせる礎となるのです。

（3）新しい家庭・家族として

　また児童相談所運営指針[1]では、特定の大人との愛着関係の下で養育されることにより自己肯定感を育み、将来、家庭生活を築くうえでのモデルとすることが期待できるとしています。

　里親に委託され、里親家庭で生活することの最も大きな意味は、そこに新しい家庭、新しい家族ができるということです。里親家庭は、子どもを保護するだけのところではありません。子どもが子どもらしく、生き生きと輝き、愛し愛されながら、権利の主体として生活していきます。そこが、児童養護施設や乳児院での生活とは大きく違います。

　児童養護施設や乳児院などの施設での生活は、子どもの命を守るために保護することが主眼となります。少数の職員で大勢の子どもを安全に生活させるために、基本的な生活の流れに沿った規律ある暮らしとなります。

　しかし、自由で闊達とした子どもらしい生活は、里親や里親家庭のきょうだい、地域の人々との暮らしの中で育まれます。友だちとの遊びや、里親やきょうだいとしての他の子どもとの濃密なかかわり、そして、子ども中心のその時々に違いがあるゆったりとした時間の流れは、家庭ならではのものです。

1　https://www.mhlw.go.jp./content/000928174.pdf

Ⅱ 里親信条に見る指標と理念

　里親制度は、児童福祉法に規定された制度です。したがって、児童福祉法の理念にのっとったものでなければなりません。

　全ての子どもは、児童の権利に関する条約にのっとって、適切に養育され、生活を保障され、愛され、保護されます。心身の健やかな成長や発達、自立を図り、その他の福祉を等しく保障される権利を持ちます。そして全ての国民は、子どもが良好な環境において生まれること、そして社会のあらゆる分野において、子どもの年齢や発達の程度に応じてその意見が尊重され、最善の利益が優先して考慮され、心身ともに健やかに育成されるよう努めなければなりません（児童福祉法1条、2条）。

　子どもが家庭で育つというのは、人としてごく当たり前の生活に過ぎません。どんな子どもであっても保障されるべき権利です。

　筆者が所属する全国里親会が定めた里親信条も、保護者による養育が困難な子どもを家庭に迎え入れ、子どもに寄り添った養育を行うとの基本理念に始まります。

●里親信条　2014年3月改訂　（全国里親会）

（基本理念）―　私たち里親は、保護者による養育が困難な子ども
　　を家庭に迎え入れ、子どもに寄り添った養育を行います。
（子どもの権利擁護）―　私たち里親は、子どもの権利を擁護し、
　　最善の利益に配慮した養育に努めます。
（社会的養護）―　私たち里親は、社会的養護の役割を担うものと
　　して、地域社会とのつながりを大切にして、養育を行います。
（子どもの発達保障）―　私たち里親は、子どもの健やかな成長の
　　ため、家庭養護の良さを活かし、子ども一人ひとりにあった養
　　育にあたります。
（里親としての資質・専門性の向上）―　私たち里親は、自らの家
　　庭をととのえ、子どもの養育に必要な知識と技術の向上に努め
　　ます。

　厚生労働省発による「里親及びファミリーホーム養育指針」
では、里親およびファミリーホームを、社会的養護を必要とす
る子どもを養育者の家庭に迎え入れて養育する「家庭養護」で
あると明記しています。
　里親家庭は、要保護児童と呼ばれる子どもたちを、里親が社
会的養育を行う者として、社会的な責任を持って、自らの家庭
を提供することによって養育していきます。
　社会的養護は、家庭内だけの単独で担うのではありません。
地域の人々も含めた家庭の内外の協力を得て、家庭を社会に開
き、社会と共有することによって担うことができます。

　里親養育は、私的空間の中で、「私人である里親」が「公人
となってやってきた要保護児童と呼ばれる子ども」に対して、

公的養育をすることです。世の中のほとんどの子どもたちが送るありふれた生活を、要保護児童である子どもにも同じように提供することが里親養育の根幹です。

　里親は、児童相談所から預かっている子どもが権利の主体であると、常に自分の心に言い聞かせながら養育をします。

　多くの里親が、子どもたちが健やかに育つことができるように、また子どもたち一人ひとりの能力を最大限に引き出すことができるように、知恵を出し合い、力を合わせています。

　里親養育の理念は、自らの家庭の一員として子どもを迎え入れ、子どもに寄り添い、健やかな成長を願いながら、子どもとともに、家族としての日々の暮らしを送ることにほかなりません。

★コラム★　子どもの心情

　里親は、子どもの健やかな成長のため、子ども一人ひとりにあった養育にあたろうと努力しています。しかし里親は、子どもがどんな気持ちで里親家庭にやって来るのか、なかなかその心情がわかりません。子どもの心情について、事例を紹介します。

> 施設入所と里親委託の両方を経験した男性（当時24歳）の話

　小学校低学年の時、身体的虐待を受け、近所の人の通報によって保護されました。児童相談所に連れて行かれたときは正直、「これで叩かれないで済む、ホッとした」と思いました。
　でも親元を離れ、いざ児童養護施設に入ると、なるべく目立たないようにと気をつかって生活していました。ここで我慢して生活しなければ、住むところがないと思っていたからです。児童養護施設では、長期の休みになると周囲の子どもは自宅等に帰省します。けれど、自分には帰るところはないとあきらめていました。
　3年ぐらい経ったときに、急に里親の家に泊まりに行くことになりました。自分にもほかの子と同じように行くところがあると思うと、とても嬉しかったです。自分に興味を持ってもらえることが嬉しく、里親の家にはすぐなじむことができました。何回か泊まりに行くようになった後で、児相の先生から「里親の家にずっと行くか」と尋ねられたので、「行きたい」と答えました。
　里子になってよかったと思うことは、自分のことを見てくれる時間が長く、里親との距離が近いことでした。施設では大人数の子どもがいて先生と話す時間が少なかったし、お利口でいようとしていました。でも、里親の家ではそのままの自分でよいとわかり、安心して心を開くことができました。わがままが言えるようになったということです。
　ただ、里親の元にいたときは、周りの人が言う「君のお母さんは

本当のお母さんではない」という言葉に引っ掛かりがありました。里親のお母さんのことは好きだったけれど、それでも、本当のお母さんと住みたいという気持ちが心にあふれてきました。

　2年ほど里親の家で生活し、小学校を卒業した日に自宅に引き取られました。「これから本当のお母さんと暮らせる！」と喜びました。でも実際は、実の母親との間には、愛着・信頼関係が築けておらず、全く愛情をかけてもらえませんでした。

　家に戻り、また家を出ていくまでに中学・高校と6年間ありましたが、これまでの人生で一番苦しく、苦労した6年間だったと思います。失われた小学生時代が大きな壁になって、本当のお母さんとの間には、愛がなかったからです。

　振り返ってみると、里親から実親の元へ戻るプロセスに、もっと時間をかけるべきだったと思います。里親のところに戻りたいと何度も思いました。でも、本当のお母さんには言えませんでした。里親のお母さんには、何でも言えていたのに…。

　とうとう高校卒業後、就職して家を出ました。

　彼は、里親宅では2年間しか生活をしていません。それでもその2年間が、今の男性を支え続けていると言います。また、里親になる人に伝えたいこととして、こんなメッセージを残してくれました。

　信頼関係を築くために、子どもが何かの出来事でうまくいったときは、大げさに褒めてください。悪いことをしたときは、しっかり怒ってください（アフターケアを忘れずに）。楽しいときは、一緒に楽しんで笑ってください。悲しいときは、一緒に泣いてください。子どもの喜怒哀楽をともに過ごし、正面からぶつかることが、信頼関係を築く近道かもしれません。そして、一番大切だと思うことは愛を持って接することです。

里親制度の概要

Ⅰ 里親の役割と種類

（1）里親の役割

　里親については、多くの方が、養子を欲しい人がなるものだとか、少し裕福な人が子どもを預かっているといった認識を持っています。

　近年、実親による虐待で、子どもが死亡する例が後を絶ちません。テレビやインターネットでそのような記事を目にするたびに、やるせない気持ちになる方も多いようです。

　そんな中で、「里親になりませんか」というフレーズを見聞きし、里親って何だろう、自分にもできるのかな、という疑問を持ち、各里親会に尋ねに来る方も増えてきました。

　そういった多くの方から寄せられる質問に答えるために、ここでは児童福祉法における里親についてご説明します。

　児童福祉法における里親制度は、さまざまな事情で家族と離れて暮らす子どもを、家庭に迎え入れ、温かい愛情と正しい理解を持って養育する制度です。その主たる担い手が、里親です。つまり、里親の役割とは、さまざまな事情があって家族と一緒に暮らすことができない要保護児童と呼ばれる子どもたちを、自分の家庭に迎え入れ、温かい愛情と正しい理解を持って養育することです。

　この制度により、都道府県や政令市等が、保護者のない子ど
もや保護者に監護させることが不適当な子どもの養育を里親に
委託します。実際には、各児童相談所を通して委託が行われま
す。

　児童相談所長は、保護した子どもを、里親・ファミリーホー
ムへ委託したり、乳児院・児童養護施設・児童心理治療施設・
児童自立支援施設・母子生活支援施設・自立援助ホーム等の各
種施設へ措置により入所させたりします。ここで使われる「措
置」とは、福祉の分野で支援が必要な人に対する法上の施策や、
行政行為を指します。

　なお、「里子」という言葉は、児童福祉法が制定された当時
の昭和20年代には、厚生労働省の通知に使われていました。し
かし現在は、公的な書類では使われていません。法律上は、要
保護児童という統一した言葉が使われています。

（2）里親の種類

　法律上の里親の種類には、以下の4種類があります。

① 養育里親

　都道府県知事が行う研修を修了する等の要件を満たし、
養育里親名簿に登録された人で、保護者のない子どもや保
護者に監護させることが不適当な子どもを養育する里親で
す。

② 専門里親

　養育里親としての要保護児童の養育経験を有する等の要
件を満たし、専門里親研修を修了した養育里親で、要保護
児童のうち、児童虐待等の行為により心身に有害な影響を

受けた子ども、非行等の問題がある子どもや障害がある子どもを養育する里親です。

③ 養子縁組里親

　養子縁組が可能な要保護児童を養育する養子縁組を前提とした里親です。

④ 親族里親

　要保護児童の三親等内の親族で、両親や、その子どもを監護していた人が死亡、行方不明、拘禁などの状態となった子どもを養育する里親です。

　これら4種類の里親という言葉だけではなく、週末里親、季節里親、ふれあい里親といった言葉もあります。これらの里親は、4種類の里親と同じように子どもを預かるのですが、児童福祉法に規定された里親制度上の里親ではありません。行政や児童養護施設等が、施設に入所している子どもたちに家庭生活を体験させるためなどの目的で、広く市民に協力を求める養育体験型の事業で使われる言葉、便宜上の里親という言葉です。しかし、このような事業を通して、児童福祉における養育里親になった方も多くいます。

―――――――【 関 連 条 文 】―――――――

●里親の種類（里親制度運営要綱より）

(1)　養育里親

　保護者のない児童又は保護者に監護させることが不適当であると認められる児童（以下「要保護児童」という。）を養育することを希望し、かつ、省令で定める要件を満たす者のうち、都道府県知事が要保護児童を委託する者として適当と認め、養育里親名簿に登録されたものをいう。[法第6条の4第1号]

　なお、法令上、養育里親は、専門里親を含むものとして規定されているが、この要綱においては専門里親を除く養育里親を単に養育里親という。

(2)　専門里親

　府令で定める要件に該当する養育里親であって、①児童虐待等の行為により心身に有害な影響を受けた児童、②非行のある若しくは非行に結び付くおそれのある行動をする児童、又は③身体障害、知的障害若しくは精神障害がある児童のうち、都道府県知事がその養育に関し特に支援が必要と認めたものを養育するものとして養育里親名簿に登録されたものをいう。[府令第1条の36]

(3)　養子縁組里親

　要保護児童を養育すること及び養子縁組によって養親となることを希望し、かつ、省令で定めるところにより行う研修を修了した者のうち、養子縁組里親名簿に登録されたものをいう。[法第6条の4第2号]

(4)　親族里親

要保護児童の扶養義務者（民法（明治29年法律第89号）に定める扶養義務者をいう。以下同じ。）及びその配偶者である親族であって、要保護児童の両親その他要保護児童を現に監護する者が死亡、行方不明、拘禁、疾病による入院等の状態となったことにより、これらの者による養育が期待できない要保護児童の養育を希望する者のうち、都道府県知事が児童を委託する者として適当と認めるものをいう。[法第6条の4第3号、府令第1条の39]

（3）里親の活用率

　制度上の里親は、令和4年3月末時点で、合計1万5,607世帯が登録や認定をされています。

　その中に、養育里親は1万2,934世帯います。そのうち3,888世帯の養育里親に、4,709人の子どもが委託されています。

　専門里親は、728世帯が登録されており、そのうち168世帯に対して204人の子どもが委託されています。

　養子縁組里親の登録数は、6,291世帯です。そのうち314世帯の縁組里親家庭で、348人の子どもたちが縁組成立を目指して養育されています。

　親族里親の認定数（親族里親は登録制度ではなく、親族の子どもを預かるため、研修を受けることなく、県等から認定される仕組み）は631世帯であり、そのうち委託されているのは569世帯で、委託されている子どもは819人います。

　全ての里親を合計すると、4,844世帯の里親家庭で、6,080人の子どもが生活していることがわかります。里親の活用率としては、およそ39％程度になります。

　また、里親家庭を大きくしたファミリーホームというものが

あります。このファミリーホームが全国には446ホームあり、1,718人の子どもが委託されています。

　したがって、合計7,798人の子どもが、一般の家庭である里親家庭・ファミリーホームで生活していることがわかります。

　この数字は、児童養護施設と乳児院の入所児童と、里親とファミリーホームの委託児童の合計3万3,178人に対して、およそ23.5％にあたります。つまり、いまだ76.5％の子どもたちが児童養護施設や乳児院で生活しています。なお、610か所の児童養護施設には2万3,013人の子どもが、145か所の乳児院には2,367人の子どもが入所しています。

（4）里親になる要件

　里親になるには、特別な資格等は必要ありません。しかし、里親になりたいと児童相談所に申し込んだだけで、すぐに里親になれるわけでもありません。登録までに時間がかかります。ましてや、実際に子どもを預かるまでには、相当の準備が必要になります。

　里親として子どもを預かるためには、初めに里親として県知事等より認可され、居住する都道府県等の里親として登録されなければなりません。

　先述のように、里親には種類があり、それぞれ登録するための要件が定められています。また、里親の種類によって、要件に違いがあります。

　まずは里親になるための登録・認定要件を、それぞれ見ていきましょう。

① 養育里親

以下を全て満たすこと。

❶ 子どもの養育について理解と熱意、愛情を有していること

❷ 経済的に困っていないこと（子どもの親族を除く）

❸ 欠格事項に該当しないこと

❹ 養育里親研修を修了していること（5年ごとに更新研修を受けること）

② 専門里親

養育里親の要件❶❷❸❹と、以下を満たすこと。

❺ 養育里親としての委託の経験等を十分に有すること

❻ 専門里親研修を修了していること（2年ごとに更新研修を受けること）

❼ 子どもの養育に専念できること（ほかに仕事をもっている人はできない）

③ 養子縁組里親（養子縁組を希望する人）

養育里親の要件❶❷❸と、以下を満たすこと。

❽ 養子縁組里親研修を修了していること

④ 親族里親（子どもの扶養義務のある親族である人）

養育里親の要件❶❸と、以下を満たすこと。

❾ 子どもの両親等が死亡、拘禁等で養育できなくなった場合に限られる

（親族里親には、研修はありません）

なお、「欠格事項に該当しない」とは、里親を希望する人が

成年被後見人や被保佐人でないことや、同居する人を含めて児童買春・児童ポルノ禁止法に違反していない、児童虐待、被措置児童等虐待を行っていないなどを指します。

　まず、どのような里親になりたいのか、自分自身で、あるいは夫婦で、その動機となるものを考えてみることをお勧めします。

　1つ注意することは、「養子縁組里親」と「特別養子縁組」とは制度が異なるということです。養子縁組里親は児童福祉法に規定されたもので、養子縁組を希望する里親のことですが、特別養子縁組を行うための特別養子制度は、民法に規定されたものです。ですから、縁組を行う夫婦は、児童相談所に登録している養子縁組里親とは限りません。民間の子どもをあっせんする団体を通じて、養親子として縁組を行う場合もあります。その中には、養子縁組里親として登録することを条件にしている団体もあります。

　特別養子縁組は、25歳以上の夫婦でなければ、審判を受けることができません。普通養子縁組は単身でも可能です。詳しくは、第5章で述べます。

─────【 関 連 条 文 】─────

●里親登録または認定の要件について（里親制度運営要綱より）

(1)　養育里親

①　要保護児童の養育についての理解及び熱意並びに児童に対する豊かな愛情を有していること。［府令第1条の35第1号］

②　経済的に困窮していないこと（要保護児童の親族である場合を除く。）。［府令第1条の35第2号］

③　都道府県知事が行う養育里親研修を修了していること。［法第6条の4第1号、府令第1条の35第3号］

④　里親本人又はその同居人が次の欠格事由に該当していないこと。[法第34条の20第1項、政令第35条の5]

ア　成年被後見人又は被保佐人（同居人にあっては除く。）

イ　禁錮以上の刑に処せられ、その執行を終わり、又は執行を受けることがなくなるまでの者

ウ　法、児童買春・児童ポルノ禁止法（児童買春、児童ポルノに係る行為等の規制及び処罰並びに児童の保護等に関する法律）又は政令第35条の5で定める福祉関係法律の規定により罰金の刑に処され、その執行を終わり、又は執行を受けることがなくなるまでの者

エ　児童虐待又は被措置児童等虐待を行った者その他児童の福祉に関し著しく不適当な行為をした者

(2)　専門里親

①　(1)の①から④までのすべてに該当すること。

②　次の要件のいずれかに該当すること［府令第1条の37第1号］

ア　養育里親として3年以上の委託児童の養育の経験を有すること。

イ　3年以上児童福祉事業に従事した者であって、都道府県知事が適当と認めたものであること。

ウ　都道府県知事がア又はイに該当する者と同等以上の能力を有すると認めた者であること。

③　専門里親研修を修了していること。[府令第1条の37第2号]

④　委託児童の養育に専念できること。[府令第1条の37第3号]

(3)　養子縁組里親

①　(1)の①、②及び④のすべてに該当すること。[法第34条の20第1項、政令第35条の5、府令第36条の42第2項第1号及び第

2号]

②　都道府県知事が実施する養子縁組里親研修を修了していること。［府令第36条の42第2項第3号］

(4)　親族里親

①　(1)の①及び④に該当すること。［府令第36条の47］

②　要保護児童の扶養義務者及びその配偶者である親族であること。［府令第1条の39］

③　要保護児童の両親その他要保護児童を現に監護する者が死亡、行方不明、拘禁、疾病による入院等の状態となったことにより、これらの者による養育が期待できない要保護児童の養育を希望する者であること。［府令第1条の39］

（5）里親になった動機

　里親になった動機を見てみましょう。おおむね5年ごとに、里親委託の子ども、児童養護施設等の子ども等を対象とした大規模な実態調査があります。「児童養護施設入所児童等調査」といいます。

　平成30年の厚生労働省の発表（平成30年2月1日調査）によると、里親4,216家庭のうち、「児童福祉への理解から」が41.7％（1,759家庭）、「子どもを育てたいから」が30.8％（1,299家庭）、「養子を得たいから」が10.7％（453家庭）、「その他」が14.6％（617家庭）、「不詳」が2.1％（88家庭）です。

　20年前には、「児童福祉への理解から」が27.1％でしたが、平成24年には、43.5％にと増加しています。そして、今回の発表では、41.7％とあまり変化が見られなくなってきました。あ

《1-2》里親の申し込み動機

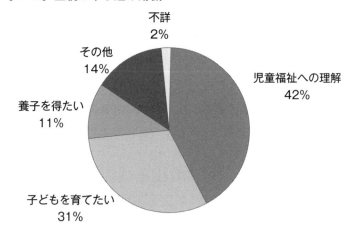

- 不詳 2%
- その他 14%
- 養子を得たい 11%
- 児童福祉への理解 42%
- 子どもを育てたい 31%

る程度、社会的養育が認知されるようになってきたといえます。

　一方、養子を得たいという動機は、20年前の32.2％から10.7％と大幅に減少しています。しかし、子育てしたいという動機に変化があまりないことから、縁組する、縁組しないにかかわらず、子どもを持ちたいという気持ちに変化は見られません。

　筆者が各地の里親と懇談する限りでは、「できれば養子を望みたいが、対象となる子どもが少ないと聞いたので、養子縁組里親と養育里親の両方に登録しました」と答える方も多いです。また、その他と答えた里親の増加は、親族里親の増加に伴っています。家族のかたちにも多様性を感じる時代になりました。

　平成28年の児童福祉法改正以降、筆者の周りで、赤ちゃんを預かって養育している里親が大変増えてきました。愛知方式と呼ばれる「赤ちゃん縁組」が、各地の児童相談所で取り入れられるようになってきたこと、「こうのとりのゆりかご」で有名

な熊本の慈恵病院の取り組みが幅広く知られるようになったことなど、多くの要因が見受けられます。

　令和2年には、民法改正で新しい特別養子制度が施行されました。令和5年2月に行われた最新の調査でどのような変化が起きるのか、令和7年頃に予定される結果公表に多くの里親や研究者が注目しています。

　ちなみに、子どもを預かっている里親家庭の登録期間は「5年未満」が最も多く、43.8%（1,845家庭）です。次いで「5年から9年」ですが、長くなるにしたがって少なくなっています。「15年以上」の里親は、12.6%（531家庭）です。

　実際には、ほんの短期の子どももいれば、長期にわたって預かることもあり、子どもによってそれぞれです。短期預かりのつもりが次第に延びてしまい、思いもかけず成人後に養子縁組したという事例がいくつもあります。里親として子どもと接するうちに動機が変化していくのは、珍しいことではありません。

Ⅱ　里親の歴史

（1）登録者の推移

　戦前の里親制度は、当事者同士の取り決めを個人間で交わし、子どもの養育を依頼する私的契約でした。しかし、昭和22年12月に児童福祉法が制定され、翌年、昭和23年10月に「里親等家庭養育の運営に関して」の厚生次官通達が出されました。これにより、里親による里子（当時の要保護児童の呼び方）の養育が、公的制度の下に一元化され、私的契約によるものから公的

《1-3》登録里親と保護受託者の家庭数

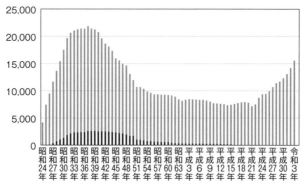

■ 保護受託者家庭数　　■ 里親家庭数

措置によるものへと里親の位置付けが変化しました。今から70年以上前のことです。これが、児童福祉法による里親制度の始まりです。

　里親制度が始まって3年後の昭和26年10月に、保護受託者制度が始まりました。保護受託者制度とは、職親とも呼ばれる保護受託者が、中学卒業後の児童養護施設入所児童や里親委託児童などの自立を助けるため、1年間自宅で預かるか通わせるかして、職業指導とともに自立に必要な生活指導を行うものです。児童福祉法に規定されていましたが、平成17年1月1日をもって廃止され、保護受託者は職業指導をする里親として、里親制度の中に組み込まれました。

　里親の養育は、戦後の混乱の中、行政の指導・指示の下に展開されています。里親の中心は、僧侶や地域の名士と言われる人たちでした。当時、里子にした理由として多かったのは、労働力として農家等が預かろうとしたものや、家名を存続させる目的の養子縁組、そして、気の毒な境遇の児童を助けたいとす

るものでした。

　里親に預けられた子どもの数は、昭和33年前後がピークですが、里親の登録が最も多かったのは、昭和37年の19,275人、保護受託者では昭和38年の2,653人です。

　昭和40年代になると、急速に里親への里子の委託が減少していきます。しかし、里親の活動は続きます。全国各地で散発的に地域の里親会が結成され、当初はそれぞれが独自に活動してきたものが、次第に手をつなぎ、活発に運動を展開するようになります。里親自身の意思で「里子養育」が行われ、里親研修は自助グループとしての「里親会」が担います。養子を希望する経済的に豊かな里親が中心となって、里親会活動が行われました。

　昭和62年に特別養子制度が導入されると、それまでの経済的に裕福な里親以外にも、養子を希望する一般家庭の里親に子どもの委託が始められました。実親とのかかわりが少ない子どもが委託の対象です。そして、養子縁組が完了した里親が中心となって、里親会活動が展開されていきました。この頃から「里子」という言葉が減少し、「要保護児童」と呼ばれるようになっていきました。

　平成10年頃になると、実親が存在する要保護児童を、養育里親が受託するようになりました。また、養子縁組完了後の里親と養育里親が、共同で里親会活動を担うようになりました。

　今から20年ほど前、学校生活になじめず、不登校を起こす生徒が世間一般にも激増したように、要保護児童の中にも集団生活に不適応を起こす子どもが増えました。それに伴い、里親に

対する専門性・職業化が要求されていったように思います。

　平成14年の「専門里親」の創設や、平成21年の小規模住居型児童養育事業、いわゆる「ファミリーホーム」制度の導入により、里親に一層の専門的技術が要求される時代になりました。平成21年は、70年あまりの里親の歴史の中で、最も登録里親の数が少なかった年です。平成21年度の登録里親数は、7,180家庭（世帯）で、この年を底に上昇に転じました。平成30年度の登録里親の数は1万2,315家庭であり、昭和48年前後まで回復してきました。

　国の児童福祉に対する施策が大転換したのは、平成28年の児童福祉法改正です。それまでの要保護児童は、児童養護施設、乳児院へ措置入所するのが一般的でした。しかし、国は、子ども自身が権利を持つ主体であるとの概念を取り入れ、これまでの施設養護から、里親、ファミリーホームによる家庭養護への転換を打ち出しました（本章第1節参照）。また、子どものパーマネンシー（永続・恒久的な安心を与えること）の保障から、制度創設以来の特別養子縁組が見直され、縁組対象の子どもの年齢が、それまでの原則6歳未満から原則15歳未満までに引き上げられるなど、画期的な改革が行われました。

（2）里親会活動

　戦後、児童相談所では毎月、委託した子どもの身体測定と里親への慰労と訓話が行われていたといいます。そこで決まって顔を合わせる里親たちが、各地で自然発生的に里親会を結成して、親睦を深めあうようになりました。その後、各地の児童相談所ごとの里親会が、児童相談所を越えて集うようになったの

は前述の通りです。

　全国の里親が一同で集まろうとできた組織が、全国里親会です。同法人は、昭和29年10月に任意団体である全国里親連合会として発足しました。社団法人、財団法人を経て、平成23年12月には公益財団法人全国里親会となり、現在に至っています。

　同法人は、全国各地にある64の里親会の中心として、子どもたちと里親家庭をつなぎ、里親制度の普及発展のために日々活動しています。里親制度に関する調査研究や、機関誌の発行、里親希望者の開拓、里親および里親に委託されている子どもの相談指導などを行い、里親制度の普及発展に寄与することを目指しています。ほかにも、里親制度の理解のための研修講座の開催、全国研修大会、全国里母の集い、ブロック別研修大会の開催など、幅広く各種の活動を行っています。

　また、都道府県、政令市、児童相談所設置市の里親会では、各種研修会や、レクリエーション、情報交換会、里親サロンの開催、委託児童に対する支援事業などそれぞれ独自に活動を展開しています。県単位の里親会では、地域ごとに分かれた里親会を結成しているところも多く、連合会組織の県里親会などもあります。地方の各里親会では、里親の相談事業、交流事業を行い、里親ならではの養育の日々を支える活動が土台となっています。

　地域の里親サロンに参加すると、この頃は、30歳代後半から40歳代の新しい里親が中心となって活躍しています。

　里親サロンというのは、地域の里親会ごとに毎月1回程度開催している里親の集まりです。児童相談所の一室を借りて開催しているところも多いです。子どもを連れてきて、懇談しながら養育相談をしているサロンや、レクリエーション活動をすることもあります。独自の里親学習会や、里親としての悩みを打

ち明ける場所としても利用されています。お出かけサロンと称して、児童相談所以外で会合を開くところもあります。

また、コロナ禍で、オンラインで開催しているサロンもあります。

里親になりたての頃は特に、里親特有の悩みに直面することが多くなります。解決のためには、同じ里親からのアドバイスが大変貴重だと、経験者は口をそろえます。児童相談所の職員には言いにくいことや、一般の友人ではわかってもらえない血縁のない子ども特有の問題などは、里親経験者でしか理解してもらえないことも多いため、里親サロンや里親の友人の存在は、大変助けになります。暗黙の了解として、里親サロンで知りえた個人的な事柄に関しては、お互いに口外しないようにしています。

多くの里親が、里親仲間による自助グループに助けられ、子どもの養育を続けてきました。里親活動に興味を持った方は、一度、各地で開催されている里親サロンに、ぜひ足を運んでみてください。大歓迎されること間違いありません。サロンでは新しい出会いが待っています。

（3）ファミリーホーム（小規模住居型児童養育事業）

ここで、ファミリーホームと里親の関係について説明しておきましょう。ファミリーホームは、正式には、小規模住居型児童養育事業といい、児童福祉法の第2種社会福祉事業です。

養育者の家庭（ファミリーホーム）に保護が必要な子どもを迎え入れて養育を行う家庭養護の一環で、里親と同じように、児童相談所が子どもの養育を委託します。

この事業を行う養育者の住居をファミリーホームといいます。

この住居で、子ども間の相互作用を活かしつつ、子どもの自主性を尊重し、基本的な生活習慣の確立を目指します。同時に、豊かな人間性と社会性を養い、自立を支援することを目的として、養育が行われます。

　そもそもファミリーホーム制度は、多人数の子どもを預かって養育する里親が、国の支援を求めて制度化運動を展開したもので、平成21年に施行されました。したがって、ファミリーホームの多くは、多人数の子どもを預かる里親からの移行により誕生しました。養育者の家庭で5〜6人の要保護児童を養育します。

　もともと、里親は自分の子どもを含めて6人まで養育することが可能になっていました。今でもその規定は変わりませんが、預かる子どもは4人までです。ところが、当時は里親に対する手当等が大変少なく、子どもを預かれば預かるほどに、金銭的にも持ち出しばかりで、人手も足りずに養育に苦慮していました。

　そこで、いくつかの都府県市にあった里親型のグループホームの制度を国も取り入れてほしい、国の制度として整備してほしいという願いで、全国の多人数の子どもを養育する里親が結集し、手弁当で制度化に向けて行動し、実現したものです。この結果、ファミリーホームは相応の措置費を受け取ることができるようになりました。

　つまり、ファミリーホームは、里親の里親活動によってできた里親運動の結晶なのです。

　制度化するにあたり、ファミリーホームになるには、①里親としての養育経験によるもの、②児童養護施設等の指導員としての経験によるもの、③社会福祉法人等が設置するものという

３つの道が用意されました。しかし、そのいずれも、養育者の家庭（ファミリーホーム）で、２名の養育者（夫婦）と補助者１名以上、もしくは養育者１名と補助者２名以上で子どもを養育するものです。児童養護施設などのグループホームで行われている、職員の交代制での養育とは大きく違います。

　また、養育者には里親登録が求められます。令和元年には、里親登録の厳格化が通知されました。ファミリーホームができたことで、里親養育は要保護児童を４名まで（自分の実子を含めて６名以内の子ども）と規定されました。一方で、事業化されたファミリーホームは５〜６名の要保護児童を預かることができるとされ、実子はカウントされません。

　里親とファミリーホームの最も大きな違いは、事業であるかどうかというところです。里親もファミリーホームも、同じように子どもを児童相談所から預かって養育するのですが、里親は事業ではありません。

　一方のファミリーホームは、社会福祉法上の第２種社会福祉事業です（社会福祉法２条３項２号）。それは、小規模住居型児童養育事業という正式名称からもわかります。

　里親は、有償のボランティアというとらえ方もできますが、ファミリーホームの養育者はボランティア性を堅持したまま、仕事として子育てをすることになったものです。

　ですから、ファミリーホームの養育者に対しては、養育技術としては高度な専門性が求められます。施設運営関係の書類の整備も必要です。職員を雇用しなければならないので、それに伴う職員処遇の仕事も発生します。ほかにも、児童養育の業務日誌や、個人別の記録、自立支援計画書などの作成、会計関係書類の整備などが要求されますし、毎年の監査もあります。

　以上の通り、ファミリーホームは、ボランティア的な里親から、プロフェッショナルとしての里親へ、里親運動の経過とともに発展したものです。開設するためには里親登録が必要であることも、ご納得いただけると思います。

　時折、ファミリーホームをしてみたいとの問い合わせがあり、わが家にも見学に来る方がいます。施設職員等でない一般の方の場合は里親からスタートすることになりますので、まずは里親として子どもを預かることから説明します。里親として数年の経験を積み、定年後や早期退職してファミリーホームを開設した方もいます。児童養護施設等の職員が退職して開設する例も多くなりました。

　制度化から14年が経ち、今では里親によるファミリーホーム設立よりも、児童養護施設の勤務経験者によるファミリーホーム設立が主流になってきたのも事実です。しかし、形は変わりましたが、制度化当時の里親の心意気が、今後のファミリーホームを支える屋台骨といえます。

★コラム★　里親という言葉

　「里親」という言葉の起源は、日本書紀に記される西暦478年頃の「小子部連（ちいさこべむらじ）」という説などがありますが、真偽のほどはわかっていません。しかし、太古の昔から里親という言葉は存在していたのは確かであり、血縁のない子どもを養育する人は、「里親」として人々から認知されていたと思われます。そして、里親に育てられる子どもを「里子」と呼んできました。

　また里親という言葉は、現代では対象が人間の子どもではない場合にも使われるようになってきました。犬や猫の里親、道の里親、棚田の里親、森の里親など、本来は他人が管理すべき物事を引き受けて世話をするという場合に広く使われてしまい、里子の子どもたちは、「私たちは犬や猫ではない」「物あつかいされている」と憤りを覚えたり、悲しむことも多く、人権に配慮が足りないと感じます。各地の里親会では安易に「里親」の名称を使用しないでいただきたいと強く申し入れをしてきましたが、改善がなされませんので、「里親」ではない違う名称を考えようという動きも出てきました。

　ところが、ここ数年、国・厚生労働省が率先して、テレビコマーシャル、ネット、マスメディア等を通して、里親・特別養子制度の広報啓発を行うようになりましたので、「里親」の名称がかなり浸透してきたように思います。

　今は、まだ「里親制度」と「特別養子制度」を混同している方も多いようですが、この先、里親制度が広く普及し、養育里親が児童養護施設や乳児院と並んで活用されるようになると、子どもの福祉のために実家庭から子どもを預かり養育する里親制度と、法的に縁組してわが子になる特別養子制度の違いについても、理解が深まるのではと期待しています。

第2章

虐待の現状と子どもの未来

第1節　保護を必要とする子どもを取り巻く現状

Ⅰ　増え続ける虐待を受けた子どもたち

（1）児童虐待とは

　国は、保護者がその子どもに行う行為の中で、4種類の行為を虐待として禁止しています。厚生労働省では、具体的な行為として以下のように明示しています（児童虐待防止法）。

① 身体的虐待

　殴る、蹴る、投げ落とす、激しく揺さぶる、やけどを負わせる、溺れさせる、首を絞める、縄などにより一室に拘束する等

② 性的虐待

　子どもへの性的行為、性的行為を見せる、性器を触るまたは触らせる、ポルノグラフィの被写体にする等

③ ネグレクト

　家に閉じ込める、食事を与えない、ひどく不潔にする、自動車の中に放置する、重い病気になっても病院に連れて行かない等

④ 心理的虐待

　言葉による脅し、無視、きょうだい間での差別的扱い、子どもの目の前で家族に対して暴力をふるう（ドメスティック・バイオレンス/DV）等

　これらの虐待は、それぞれの重症度についての差はないと言われています。例えば、身体的虐待はもちろん身体に大きな影響を残しますが、心理的虐待も心に大きな傷を残しますし、性的虐待も生涯にわたり大きな傷を残します。ネグレクトでは、身体的にも心理的にも傷が残ります。ネグレクトによって死亡した例も数多くあります。

　数でいうと、最も多いのが心理的虐待です。精神的虐待とも呼ばれます。これは、人の心を傷つける虐待です。身体的虐待などと違って、他人にわかりづらい虐待でもあります。目に見える虐待ではありませんので、発見が遅れることが多々あります。

　子どもの心や自尊心を傷つけるような、嫌な気持ちになるような言葉を何度も投げかける。あるいは、脅すような暴言を吐く。無視をする。きょうだい間でのあからさまな差別をするなどの行為を指し、虐待だという意識がないまま行っている人もいるかもしれません。ほかにも、子どもに直接は何もしていなくても、子どもの前でほかの人に対する暴力行為を見せること（「面前 DV」と呼ばれる）なども、心理的虐待にあたります。

（２）保護を要する子どもの推移

　平成２年度から令和２年度までの、要保護児童の合計数、委託先の内訳と推移、里親委託率を表にまとめました《２−１》。

　黒の折れ線が、要保護児童の合計数です。児童養護施設・乳児院・児童心理治療施設・児童自立支援施設・自立援助ホーム・母子支援施設・ファミリーホーム・里親に預けられた子どもたちを指します。

　棒グラフは、要保護児童のうち、児童養護施設、乳児院、里親委託、ファミリーホームに委託された子どもたちの推移を示すものです。

　児童相談所に保護された子どもの合計数は、ここ30年、増減を繰り返しながら横ばいで推移しています。子どもの出生数は減少の一途をたどっているにもかかわらず、要保護児童の数はあまり変化はありません。

《２−１》要保護児童と里親委託率の推移

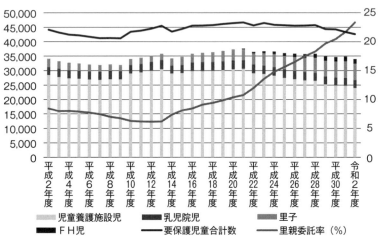

　要保護児童の数が最も少なかったのは平成９年度で、要保護
児童総数は４万1,220人でした。その年度の児童養護施設・乳
児院・ファミリーホーム・里親へ預けられた子どもの数は、３
万1,935人です。やはり最も少ない人数です。この年を境にして、
要保護児童数は増加に転じています。平成14年度に一度減少し
ましたが、再度増加に転じました。

　次に、グレーの折れ線で示した里親委託率を見てみましょう。
里親委託率とは、要保護児童のうち、児童養護施設・乳児院へ
の委託数と、里親ファミリーホームへの委託数を比較するもの
です。

●里親委託率を算出する計算式

$$里親委託率(\%) = \frac{里親・ファミリーホーム委託児童の数}{乳児院・児童養護施設に入所している児童 + 里親・ファミリーホーム委託児童の数} \times 100$$

　近年、児童養護施設への委託が減り、里親・ファミリーホー
ムへの委託が明らかに増加しています。平成30年度に20％を突
破して、昭和30年度〜34年度の里親委託率が最も高かった時代
に迫る勢いです。里親委託を重視する数々の施策が、一定の効
果をあげていることがわかります。里親委託率の数値目標につ
いては、本節Ⅱで詳解します。

（３）児童虐待相談の増加

　警察庁の発表では、令和３年に虐待の疑いで児童相談所に通
告された子どもの数は10万8,059人でした。前年度と比べて1,068
人増加しています。平成29年度で６万6,055件だったものが、
平成30年度に７万9,150件となり、令和元年度は９万8,222人、

令和２年度10万6,991人と減ることはありません。増加の度合いを見ると、今後減少に転じるとは考えにくい状況です。
　虐待の種類の内訳は、以下の通りです。

身体的虐待： 19,188人
性的虐待　：　　296人
怠慢・拒否：　8,271人
心理的虐待： 80,304人（うち面前 DV　45,972人）
　　　合計：108,059人

（警察庁生活安全局少年課「令和３年における少年非行、児童虐待及び子供の性被害の状況」）

　心理的虐待には、子どもの目の前で、配偶者などに暴力をふるったり、ののしったりする「面前 DV」の４万5,972人が含まれます。
　上記のうち、警察が保護した子どもの数は、4,882人です。また、事件として摘発した検挙件数は2,174件でした。その内訳は、身体的虐待1,766件、性的虐待339件、怠慢・拒否21件、心理的虐待48件です。検挙人員は2,199人、被害児童数は2,219人で、そのうち死亡した子どもの数は54人と、おさまる気配がありません。

　令和３年度中に全国の児童相談所が児童虐待相談として対応した件数は、20万7,660件です（厚生労働省発表）《2-2》。相談対応件数とは、児童相談所が相談を受け、援助方針会議の結果により指導や措置等を行った件数を指します。前年度は20万5,044件でしたので、2,616件増加しています。
　相談援助の内訳は、身体的虐待４万9,241件、ネグレクト３万1,448件、性的虐待2,247件、心理的虐待12万4,724件です。 6

《2-2》虐待相談対応件数

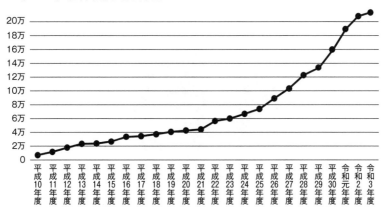

　割を心理的虐待が占めており、次いで、身体的虐待が多い状況
です。前年度と比べて、心理的虐待が3,390件プラスと増加し
続けています。

　全国の児童相談所における13年前の平成20年度の虐待相談対
応件数が４万2,664件でしたので、令和３年度は、５倍近くに
なりました。７年前の平成27年度10万3,286件と比べても２倍
になりました。いかに子どもたちが厳しい環境に置かれている
かがわかります。

　厚生労働省が統計を取り始めて30年あまりになりますが、ス
タート時点の平成２年度は、1,101件でした。現在ではその189
倍となり、過去一度も減少せずに増加し続けているのです。

（4）里親・ファミリーホームへの委託理由

　少し前の統計ですが、平成30年度に児童相談所が相談を受け
た中で、指導に終わらずに、児童養護施設等への措置入所や里
親等に措置委託をして家庭から離された子どもが４万375人い

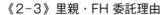

《2-3》里親・FH 委託理由

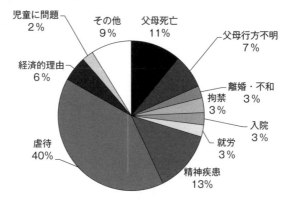

ます。その中で、里親とファミリーホーム（FH）に委託され
た子どもは6,895人です。預けられた理由をまとめました。

　最も多い理由は「虐待」で、全体の40％（2,770人）にのぼ
ります。次に多いのは、「父母の精神疾患」で、およそ13％
（919人）です。次いで、「父母の死亡」が11％程度（768人）で
続きます。

　児童養護施設の場合は、2万7,026人中「虐待」が45％（1
万2,210人）です。「父母の精神疾患」が16％（4,209人）、「拘禁」
（1,277人）や「経済的理由」（1,318人）がそれぞれ5％で、「父
母の死亡」や「父母の行方不明」は3％以下に過ぎません。

　ファミリーホームの子どもたちが知らない人から、「親がい
ないから来たのでしょう」と言われ、憤慨することがあります。
養育里親に委託される子どもの場合、ほとんどの子どもに保護
者がいるのが現状です。大半は、保護者に監護させることが不
適当な子どもが委託されています。

　これから里親になろうと思う方が養育里親を希望する場合、
どの子どもにも実親がいると考えて間違いありません。これま

では、できる限り実親と接触をしない子どもが里親に預けられてきました。しかし、里親委託が年々増えるにしたがって、実親とかかわりを持つ里親が格段に増えました。

《2-3》の通り、里親に委託された理由は、実親等による虐待と実親の精神疾患で過半数を占めます。

里親家庭、ファミリーホームに委託される子どもの被虐待経験の有無について、厚生労働省の調査によると、里親家庭に委託する子どもの38.4％（2,069人）、ファミリーホームの子どもの53％（802人）が虐待を受けた経験を持っています。虐待を受けた里親家庭の子どもの66％がネグレクトによるもので、次いで身体的虐待が30％でした。ファミリーホームの子どもでも、ネグレクトによるものが62％、次いで身体的虐待が46％を占めました。

施設でも里親でも共通して話題となるのが、虐待を受けた子どもと、実親の精神疾患のため返すに返せない子どもが増え続けているという現実です。子どもたちを家庭に返したいと思っても、家庭で適切な養育をするには多くの困難が伴います。まさしくこのような子どもたちのために、里親になろうと手を挙げる方が増えることが望まれているのです。

（5）被虐待児の親を取り巻く状況

養護問題発生理由については、虐待とされる「放任・怠だ」「虐待・酷使」「棄児」「養育拒否」は、里親家庭の子どもの39％、ファミリーホームの子どもでは43％にのぼっています。

わが家にやってきた子どもたちの実親の様子を見ていると、確かにネグレクトによるものも多いです。しかし、その原因と

して、実親自身が障害を抱えていたり、手助けする人がいない
などの困難を抱えている場合が多くなっています。なかでも、
近年特に増加しているのは、実母が精神疾患を患っているケー
スです。

　また、実父や継父の中には、「自分も親から叩かれて育てら
れた」「子どもは叩かなければわからない」と話し、体で覚え
させるべきだと言う人もいます。しかし、しつけと称した体罰
は、徐々にエスカレートし、深刻な虐待につながります。虐待
による死亡事故の原因で最も多いのが、しつけと称する虐待で
す。

　自分たちが叩かれて育ったから子どもを叩いてもよいなどと
いうのは、子どもの人権を無視した、まさしく負の連鎖でしか
ありません。

　実親や、そのパートナーには、叩いたのは子どもが悪いから
だと主張する方も見受けられます。しかし、叩いても子どもは
思い通りにはなりません。ただ怖いから、その場ではわかった
ふりをするだけで、根本的な解決からは大きく外れていきます。

　知的障害や発達障害と診断される子どもも増加しており、こ
の場合、子育てに難しさを感じることも多いでしょう。しかし
それは、子どもに原因があるということではなく、そういった
一見わかりづらい障害を抱えた子どもの場合は子育てに負担が
かかるため、虐待を誘発しやすくなるということです。

　里親家庭に預けられる子どもの実母の生活実態を見ると、離
婚家庭や、シングルでの出産が多く、多くが経済的にも困窮し
ています。さらに、地域社会から孤立して生活しているなどの
課題も見えます。シングルマザーで、多くの子どもがいる家庭
では、子どもの父親が一人ひとり違うことはよくあることです。
別れてしまったパートナーとの子ども、望まぬ妊娠により生ま

れてきた子ども、多胎児の子ども、先天的疾患や発達の遅れの
ある子どもを抱える実親が、子どもに対して愛情を感じきれず
に、また子育てを負担にしか感じられなくなったときに、子ど
もに対する虐待が起こりやすいと多くの研究者が話しています。

（6）「しつけ」という名の体罰

　子どもへの体罰を、「しつけ」だと息巻き、非を認めようと
しない人がいます。親権者は、児童のしつけでは、適切な行使
を心がけなければなりません。また、児童虐待にかかる暴行や
傷害などの罪について、親権者であるからといって責任を逃れ
ることはできません（児童虐待防止法14条）。

　それにもかかわらず、実親や、そのパートナー等が「しつ
け」と称して暴力をふるい、子どもが死に至るケースが後を絶
ちません。

　こうしたことを踏まえ、児童虐待防止対策の強化を図るため
の児童福祉法が改正され、「体罰が許されないもの」であるこ
とが明記されました。

　しかし、それでも後を絶たない児童虐待を受け、「民法等の
一部を改正する法律」が令和4年12月10日に可決、令和4年12
月16日に公布され、即日施行されました。また、これに伴い、
児童福祉法と児童虐待防止法も改正されています。

　この民法改正で、児童虐待の防止等を図る観点から、親権者
の懲戒権（旧民法822条）を削除し、子の監護および教育にお
ける子の人格を尊重する義務が定められました（新民法821条
関係）。

　新民法は、児童虐待を正当化する口実に利用されているとの
指摘のある懲戒権を削除したことによって、厳格に体罰が禁止

であることを示しており、体罰等によらない子育ての推進を明示しています。

　なお、「体罰」の範囲やその禁止に関する考え方、体罰等によらない子育ての推進策等を、国民にわかりやすく説明するため、厚生労働省は「体罰等によらない子育てのために」（以下、ガイドライン）をとりまとめて公表してきましたが、なお一層社会全体で取り組み、広く周知啓蒙する必要があります。

　このガイドラインは、保護者を罰したり、追い込んだりすることが目的ではなく、体罰等によらない子育てを社会全体で推進していくことを目的としたものです。妊娠期から子育て期の保護者を中心として、保護者以外の親族や地域の人々、また保護者に支援を行う人などにも読んでもらうことを想定して書かれています。

　なぜ体罰等をしてはいけないのかという問いに対して、具体的に、体罰等が子どもに与える心身の悪影響の可能性をあげて説明しています。体罰の有害さは、軽い体罰であっても、深刻な身体的虐待と類似しているとされます。そして、虐待や体罰、暴言を受けた体験がトラウマ（心的外傷）となって心身にダメージを引き起こし、子どもの成長・発達に悪影響を与えると指摘しています。

　ガイドラインでは、体罰の例として具体的に以下のような事柄をあげています。

① 言葉で3回注意したけど言うことを聞かないので、頬を叩いた
② 大切なものにいたずらをしたので、長時間正座をさせた
③ 友達を殴ってけがをさせたので、同じように子どもを殴っ

た
④　他人の物を盗んだので、お尻を叩いた
⑤　宿題をしなかったので、夕食を与えなかった
⑥　掃除をしないので、雑巾を顔に押し付けた

　一方で、体罰によってダメージを受けた子どものその後についても述べられています。そこでは、適切なかかわりや周囲の人々による支援は、悪影響を回復し、課題を乗り越えて成長する可能性を示唆しており、社会全体で子どもが安心できる環境を整え、早期に必要なケアを行うことが重要だと指摘しています。

　心身のダメージを受けた子どもたちを丁寧にケアしながら、ゆっくりと時間をかけ、子ども本来の姿を取り戻す。そのために、里親制度が重要になってくると考えます。すでに里親たちの間でも、毎日の子どもたちへの養育の参考にするとともに、具体的な相談窓口や支援内容に対しても、広く周知・啓発をしていこうとの声が上がっています。

　「体罰等によらない子育て」を地域社会に根付かせるために、里親たちができることを考えていかなければなりません。

（7）里親の立場で考える里親家庭での虐待回避

　さて、令和4年6月15日に「被措置児童等虐待対応ガイドライン」の一部改正が行われました。

　このガイドラインの中で、里親が「社会的養育機関」として施設等と同列に扱われるようになりました。都道府県（児相等）は、里親家庭に定期的な訪問や調査を行うなどして、子どもに対して虐待や不適切な取り扱い、権利侵害のおそれのある

事案が発生していないかを確認し、里親養育においても施設と同様に質の高いケアができるように、措置権者として里親を監督する立場であることを明記しています。

また、里親が子どもの意見を尊重する姿勢を常日頃から心がけることで、委託された子どもの様子を見守り、コミュニケーションがとれる体制を作ることが、ケアの質の向上ひいては虐待予防につながるとしました。

里親やファミリーホームは、「家庭」という閉ざされた環境での限られた者による養育であるため、子どもの問題を家庭内で抱え込みやすい傾向があります。養育に関する悩みを感じ始めたら、児相や里親支援機関、所属する里親会等の相談支援を活用することが重要と指摘し、そのためにも日頃から相談機関と連携を密にし、気軽に話せる関係性を構築することが望ましいとしています。

ほかにも、里親が一時的な休息のために利用できるレスパイトサービスの積極的活用や、アンガーマネジメントをはじめとするクールダウンの方法などを学び、不適切な養育に陥らないようにするため、研修・学習会等への参加を勧めています。

特に重要なのは、何気ない普段からの関係性だと筆者は感じています。日々養育する中で子どもたちはさまざまな問題を起こします。オンラインでも養育技術は学ぶことができるようになりましたし、ネットを介して高名な先生方の講義を聞くことも容易になりました。しかし、問題に直面した際に最も大切なのは、その時々の里親としての瞬時の判断と、ストレスの回避でしょう。

里親家庭は世間一般の平均的な家庭です。地域の問題を抱えることもありますし、親族間のトラブルなども起こりえます。しかも、里子や養子の子育ては、非血縁の子どもを中途から育

てるという特異な面も併せ持ちます。そういった子育てでは、同じ体験・経験を持つ者でしかわかりあえないことも多いものです。先輩里親は、虐待予防の観点でも危機回避の有力な手助けとなるありがたい存在です。

　なお、里親・ファミリーホームが著しく不適当な行為をしたと認定された場合は、里親の欠格事由に該当することになり、里親登録が抹消されます。そうならないためにも、常に里親として、子どもは保護されるだけでなく、子ども自身が意見を表明し、参加する権利を有することを念頭に置きながら、里親家庭で安心して生活できるように、子どもの最善の利益を目指すことが望まれます。
　そのためにも、疑問や問題が生じたときは、速やかに都道府県（児相等）に相談し、適切な助言や指導を受けることが必要です。

（8）虐待のダメージ

　社会的養護の子どもたちの中で、幼い頃から虐待を受けて育った子どもが大変多くなりました。養育里親の多くは、専門里親であろうとなかろうと、被虐待児童を預かっています。

　虐待を受けると、子どもはどのようなダメージを受け、その後の人生はどうなっていくのでしょうか。その際に、里親はどのようにかかわっていけばよいのでしょうか。
　わが家には、中学1年で委託を受け、高校卒業と同時に措置は解除されましたが、今もともに生活している子ども、A子がいます。A子の事例を通して虐待のダメージを考えます。

【事 例】

　A子の実母は前夫と離婚し、2人の子どもを連れて家を出ました。その後、別の男性と知り合い、3人目の子どもとなるA子を妊娠します。しかし、その男性は多額の借金を残し、行方不明となりました。実母は2人の子どもを児童養護施設に預け、A子を出産しました。A子は出生後、すぐに乳児院に預けられました。

　2歳になった頃、実母に引き取られますが、実母はその頃知り合った既婚男性と同居を始めました。上2人の子どもを引き取ったのは、A子が小学校に上がる頃です。その頃から、男性による身体的虐待が始まりました。A子は何度も児童相談所に保護されています。しかし、その都度、結局は自宅に帰されています。そのうちに、実母からも疎まれ、嫌われるようになったと言います。給食で生き延びました。

　そういった中で、中学1年の初夏に事件は起こりました。ささいなことで激高した実母が、A子に刃物を突きつけ、髪の毛を切り刻み、彼女の手首を切ったのです。幸い、兄の機転で逃げ出すことができ、近くのコンビニに助けを求めました。

　裁判で、実母は執行猶予付きの有罪となり、5年の接近禁止が命じられました。執行猶予が解けたのは、A子が高校3年の時です。A子は卒業前に実母に会いましたが、母のパートナーである男性に会うことはかたくなに拒否しました。

　彼女が里親委託になったのは、中学1年の夏休みも終わりの頃です。身長128センチ、体重26キロという小学校低学年並の体格で、髪の毛はざんぎり頭でした。持参した服は、6〜7歳用で、どの服にも血液のしみがついていました。彼女の好物は、梅干しとミカンです。大人になった今も、変わりません。食べ物を与えられなかったため、台所の片隅に置かれた壺に

入った梅干しと、よその家の庭の夏ミカンをとって食べること
で飢えをしのいだと話します。

　A子の委託に際し、児童相談所からは「知的に問題はないが、
愛着に問題があると思われる」との説明を受けました。委託当
初は、毎食どんぶり３杯のご飯に高校男児並みのおかずをたい
らげていました。飢餓状態で生活してきたことがうなずける異
常な食欲でした。半年が経過し、徐々に落ち着きを取り戻しま
す。１年を過ぎる頃には、どんぶり１杯になりました。

　一方で、一緒に生活していてどうもおかしい、愛着障害だけ
ではないのではと筆者は疑いを持ちました。そこで児童相談所
と相談の上、心療内科を受診させたり、カウンセリングを受け
させるなど、里親としてできる限りの方法で、A子のために動
きました。最終的に診断名が確定したのは、高校卒業後です。
ADHD（注意欠陥多動性障害）とPTSD（心的外傷後ストレ
ス障害）と診断されました。診断時、A子は19歳で、委託は
すでに解除になっていました。

　彼女が虐待を受けたのは、乳幼児期の愛着形成がうまくいか
なかったためなのか、ADHDによるものなのか、またその両
方のためか、あるいはどちらでもないのか、筆者には判断でき
ません。

　しかし、こういった過去の出来事が、大人になってからの彼
女の生活に大きな影響を与えていることはわかります。

　A子は就職をしたものの、人より不器用なので作業が雑です。
何度言ってもできないことが、多々あります。急に思いつくま
ま話したりします。また、一度に２つのことができません。は
じめの事柄は言われてできたとしても、次の事柄は忘れてしま
います。自分勝手に判断して失敗してしまいます。本人は一生

懸命やるのですが、職場で浮いてしまい、人間関係が上手にこなせません。人の気持ちやその場の状況を読むことが全くできずに孤立してしまい、うつ状態に陥っていました。

　会社から連絡が入り、急ぎアパートに駆けつけました。部屋の中は足の踏み場もないほどに散らかり、腐敗した食品や汚物で異臭が漂っていました。そのまま全ての荷物を引き上げ退去、連れ帰りました。その後、Ａ子は会社を退職し、２度にわたり精神科に入院しています。

　虐待の後遺症による顎関節症を発見したのは、成人式の写真を撮影していた時です。まっすぐに顔を向けてと言うのに、真正面に顔が向かないのです。病院をあちこち受診した後、最後は大学病院の口腔外科を紹介されました。

　Ａ子の顔のゆがみは、小学校４年の頃に受けた虐待が原因と判明しました。本人の話では、椅子で顔を殴られ続けたとのことです。写真を比較すると、成長するごとに顎のゆがみが激しくなっていくのがわかるのですが、毎日ともに生活していると、かえって変化には気づかないものだと後悔しました。歯列の矯正治療が終了したら、顎の手術をする予定になっています。

　Ａ子は、被虐待児童のほとんどに見られるように、虐待を受けたのは自分が悪いからだと言って譲りませんでした。実母やパートナーの男性の言う事を聞かなかったから叩かれたのだと言うのです。ですから、叩かれることや暴力に対しての抵抗感は、あまりありません。叩くこと自体がいけないという認識もないようです。

　ところが、男性の大きな怒鳴り声を聞くとフリーズしてしまい、過呼吸を起こすのです。怒声を聞くと、自分が言われていた過去を思い出し、あたかも自分に向けられているように思ってしまうと言います。いわゆるフラッシュバックです。

　子どもの頃に受けた虐待は、このように心身に深く残る傷となり、生活にさまざまな影響を与えるのです。

　壮絶な人生を歩んできたＡ子ですが、25歳の夏、実母のパートナーが亡くなったことをきっかけに、やっと実母との関係を修復し、交流を始めました。また、顎の手術も無事終了し、里親の務めも一段落したように思います。

　中学１年生で委託を受け、高校卒業と同時に措置は解除されましたが、そのまま生活を続け13年が経ちました。措置されていた時間より、措置終了後の時間が長くなりました。そして、実母と暮らした時間より、里親家庭で暮らしてきた時間が圧倒的に長くなりました。

　どんなに酷い仕打ちを受けていたとしても、Ａ子は実母が大好きです。筆者は里母として、彼女が一度は実母の元に帰れるように、最大の支援をするのが残された課題だと思っています。

（9）里親としてのかかわり方

　筆者は、PTSD（心的外傷後ストレス障害）を持った女子高校生を過去にも育てた経験があります。彼女は、放課後の教室で突然パニックを起こし、教室中の机や椅子を投げ散らかし、病院へ運ばれました。しかし、本人はパニックを起こしたことをよく覚えていないのです。彼女は、背中一面大やけどの跡がある、ひどい虐待を受けた子どもでした。

　PTSD はどうやったら治るのか。医者でない一般の里親にできることは、限りがあります。里親としては、ひたすら寄り添い、安心を与え続けることしかできません。何があっても、大丈夫と言い続けることと、いつまでもここにいなさいと言い続けることしかできないと思います。しかし、それこそが里親の

大事な仕事です。

　症状は、良くなったり悪くなったりの繰り返しです。やけどの跡がある彼女も、そうでした。それでも、雪解けするように心がゆるんできたとき、筆者をもう一人のお母さんと思えるようになったとき、だんだんとパニックの回数が減り、いつしか昔の嫌な思い出を口に出して話すこともできるようになりました。それでも、里親ができることはただただ黙って聞くことぐらいです。

　子どもは自分の力で乗り越えると信じて、辛抱強く待ち続けることが、里親の仕事です。

　いずれ、登録したての里親にも、虐待を受けた子どもが委託される時代が来るでしょう。虐待を受けた子どもは、自分で「親から虐待された」とは言いません。「自分が悪かったから、叩かれた」と言うのです。虐待を受けた子どもこそ親をかばい、悪いのは自分だと主張します。

　里親委託を受けた後に、虐待を受けていたことが発覚する子どもも多くいます。受託して1年ほど経ったある日、小さい頃、逆さに吊るされて叩かれていたと告白されたこともあります。ご飯を食べさせてもらってなかったから、ずっとここにいたいと言う子どももいます。

　こういった例は、残念ながら大変多いです。里親としては、子どもの叫びを聞き漏らさないようにしなければなりません。

Ⅱ 新しい社会的養育ビジョン ～子どもたちの未来に向けて

　平成28年の児童福祉法改正を受けて、厚生労働省は平成29年8月に、今後の社会的養育の在り方を示す「新しい社会的養育ビジョン」を公表しました。

　児童福祉法改正の大きな柱は、子どもが権利の主体であると明文化したことにあります。そして、子どもの家庭養育優先原則が明記されました。

　「新しい社会的養育ビジョン」では、全ての子どもへの保障という観点から、家庭への養育支援に始まり、代替養育に至るまで幅広い社会的養育の流れが取り入れられています。要保護児童の対策においても、家庭養育優先が第一とされ、実親や親族での養育支援に始まり、実親による養育が困難な場合は、パーマネンシー（永続的な解決）の概念が取り入れられて、「家庭における養育環境と同様の養育環境」である特別養子縁組制度、里親養育の推進、家庭養護優先が提言されています。

（1）里親委託率

　このビジョンで焦点となったのは、里親委託率についてです。里親委託率とは、児童養護施設と乳児院入所児、里親とファミリーホーム委託児の合計を分母とし、里親とファミリーホーム委託児を分子として、百分率を用いて表したものです。《2-4》からもわかるように、戦後、高度成長期に20％を超えていた里親委託率も、平成12年度まで衰退の一途をたどり、6％まで落ち込みました。その後、国の方針転換を境として、平成20年度から毎年1％ずつ上昇しています。

《2-4》里親委託率

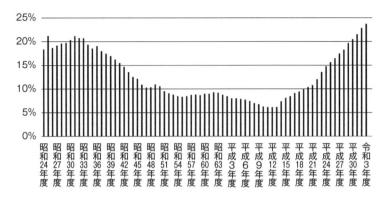

令和２年度（令和３年３月31日時点）の委託率は全国平均で22.8％でしたが、委託率が最も高いのは新潟市の58.3％、最も低いのは宮崎県の10.6％と、自治体によって大きな開きがでました。

　令和２年度の福祉行政報告例では、年齢階層別の里親委託率が発表されました《2-5》。それによると、代替養育が必要とされる３歳未満の子どもの里親委託率は25％、３歳から就学前の子どもでは29.3％、学童期以降の子どもに対しては21.1％の委託率となっています。

《2-5》年齢階層別の里親委託率（令和２年度）

年齢階層	代替養育が必要な子ども	里親・ＦＨ委託児	里親委託率
３歳未満	3,246人	810人	25.0％
３歳～就学前	5,394人	1,583人	29.3％
学童期以降	25,170人	5,314人	21.1％
合　　計	33,810人	7,707人	22.8％

（令和２年度末：福祉行政報告例より）

　国は「おおむね7年以内（3歳未満はおおむね5年以内）に乳幼児の里親等委託率 75％以上」「おおむね10年以内に学童期以降の里親等委託率 50％以上」の実現を打ち出しました。

　それまでの施設養護一辺倒であった要保護対策が、第一に家庭養育（実親支援）、それがかなわぬ場合は、家庭養護（里親養育）優先へと大きく舵を切ったのです。

　平成30年1月の第23回社会保障審議会児童部会社会的養育専門委員会において、筆者は里親を代表する立場で、この数値目標を掲げることに賛成と主張しました。それまでの里親委託率が20％足らずだったことから、各方面から実効性に疑問が投げかけられましたが、ともかく里親優先の要保護対策がスタートしたのです。

（2）都道府県社会的養育推進計画

　平成29年の児童福祉法及び児童虐待の防止等に関する法律の一部を改正する法律で、在宅での養育環境の改善を図るため、保護者に対する指導への司法関与や、家庭裁判所による一時保護の審査の導入など、司法の関与の強化等がなされました。改正児童福祉法等の理念の下、「新しい社会的養育ビジョン」で掲げられた取り組みを通じて「家庭養育優先原則」を徹底し、子どもの最善の利益を実現していくことを、国は各都道府県等に求めました。そして、それまでの都道府県推進計画を全面的に見直し、新たに都道府県社会的養育推進計画を策定することになりました。

　この計画では、全ての子どものいる家庭を支援するために、市区町村を中心とした支援体制の構築と支援メニューの充実を

　図り、虐待や貧困の世代間連鎖を断ち切れる社会的養育システムを確立すること、虐待の危険が高い場合などの在宅での社会的養育としての支援を構築し、親子入所機能創設など分離しないケアの充実を図るとしました。

　親子分離が必要な代替養育では、里親やファミリーホームでの「家庭における養育環境と同様の養育環境」を原則とし、高度に専門的な治療的ケアが一時的に必要な場合には、「できる限り良好な家庭的な養育環境」で短期の入所としました。

　また、里親の増加と里親養育の質の向上を実現する里親支援事業や職員研修を強化するとともに、民間団体も担えるフォスタリング機関事業の創設や、永続的解決を目指した特別養子縁組と、縁組移行プロセスや縁組後の支援を強化する方針を示しています。

　そのため、このビジョンの実現に向けた工程として、以下のことが掲げられました。

① 市区町村を中心とした支援体制の構築
② 児童相談所の機能強化と一時保護改革
③ 代替養育における「家庭と同様の養育環境」原則に関して乳幼児から段階を追っての徹底、家庭養育が困難な子どもへの施設養育の小規模化・地域分散化・高機能化
④ 永続的解決（パーマネンシー保障）の徹底
⑤ 代替養育や集中的在宅ケアを受けた子どもの自立支援徹底

　そして、これらの改革項目について目標年限を定めて、子どもの権利保障のために最大限のスピードをもって実現する必要があるとしました。

　国の里親委託率に対する高い数値目標に対し、各都道府県は

実現に抵抗を示しはしたものの、それを踏まえて、否応なしに数値目標を再検討せざるを得なくなりました。

　結局、各都道府県中核市においても、少しでもそれに近づけるような新しい数値目標が立てられ、各都道府県等の社会的養育推進計画が令和2年4月よりスタートしました。

　その後、国は、都道府県等が提出した「都道府県社会的養育推進計画」に基づいて、里親等委託率の数値目標や里親推進に向けた取り組み等を「見える化」し、特に、3歳未満児の「家庭養育率」（特別養子縁組成立件数を勘案した里親等委託率）の算出を行い、これらの結果を踏まえた数値目標や取り組み状況を令和3年3月31日に公表しました。

　つまり、前述の年齢階層別の里親委託率と、特別養子縁組成立件数を全て「見える化」したのです。

　なお、令和2年度の特別養子縁組成立件数は693件ですので、10年前の平成22年度の325件と比較すると2倍以上になっていますし、社会的養育ビジョンが発表された平成29年度の616件と比べても、13%ほど増加しているのがわかります。特別養子縁組成立件数の目標は1,000件ですが、まだ養子縁組里親は5,000世帯以上が子どもを待っている状態ですので、達成は不可能ではないと思われます。

　国は、更なる取り組みとして、令和6年度末までの期間を「集中取組期間」と位置付け、意欲的に取り組む自治体には里親養育包括支援（フォスタリング）事業の補助率を1/2から2/3にするなど、フォスタリング機関に対する支援の拡充を打ち出しています。

　国は、「里親委託・施設地域分散化等加速化プラン」（令和3年2月4日付け厚生労働省子ども家庭局家庭福祉課長通知）に

基づいて、施設における里親支援の取り組みや、里親支援体制の強化、里親等委託推進の具体的な取り組み、里親数等の拡充や特別養子縁組支援の取り組みの強化を図っています。

　今後の里親委託では、里親数の確保とともに、里親による養育の質の向上、チーム養育を意識した里親に対する強力なバックアップが重要になると思われます。

（3）社会全体で子どもを守る

　令和2年度から、皆さんの周りの児童相談所において、大幅な人員増加がなされています。また、総務省は、児童相談所で働く児童福祉司や、心理士、看護師等の職員に対する処遇の改善を図るようにしています。法務省は、児童相談所をサポートするために、全国の少年鑑別所や、法テラスなどの関係機関において、相談窓口を順次設置しています。新しい社会的養育ビジョンによって、家庭養育を柱とする国の社会的養育の決意が定まりました。

　全国民が一丸となって子どもを守らなければならないほど、子どもたちは虐待の危機に晒されています。今一歩の支援が子どもたちを救います。

　天皇陛下は令和2年の誕生日に際し、「近年の子どもたちをめぐる虐待の問題の増加や貧困の問題にも心が痛みます。次世代を担う子どもたちが健やかに育っていくことを願ってやみません」と話されています。そして、御即位に際しての賜金として、5千万円を子どもの貧困対策に取り組む「子供の未来応援基金」に寄付されました。

　児童相談所に保護される子どもの数も、急速に増えています

が、一時保護所は圧倒的に不足しています。里親が一時保護された子どもを受託するなどの手伝いができれば、出会った子どもたちのその後の人生を手助けすることが可能になります。

　もっとたくさんの里親が誕生して、地域社会で里親を活用してもらえれば、子どもたちは一時保護所に収容されることなく、住み慣れた場所で、今まで通りの生活が送れます。

　里親は、一人ひとりには力がないかもしれません。しかし、家庭での養育という最大の強みをもって、実の家庭で育つことのできない子どもたちに、これまで暮らしたのと同じ地域で、新たな家庭を提供し、健やかな子どもの育ちを保障していくことができるのです。

第2節　子どもの未来を明るくするために

Ⅰ　里親に委託される子どもの特徴

（1）子どもたちの抱えているもの

　里親家庭にやってくる子どもたちは、どのような子どもなのか、どのような養育をするのかと、気になる方も多いでしょう。

　里親が養育を委託される子どもは、0歳から18歳まで（場合によっては措置が延長され20歳まで）の、都道府県市が里親養育が望ましいと判断した子どもたちです。新生児から高年齢児まで、全ての子どもが対象です。

　里親養育が望ましい子どもとは、保護者による養育が望めない子どもです。例えば、遺棄された子ども、保護者が亡くなる、あるいは長期にわたってほかに養育できる親族がいない子どもなどがあげられます。また、将来は家庭の引き取りが見込めるが、当分の間は保護者による養育が困難な子どももいます。例えば、保護者が心身の不調で入院している、あるいは収監されている、子どもを抱えて就労ができない場合などです。

　前者は保護者による養育の可能性がないことから、長期にわたる里親養育、あるいは養子縁組を考える必要があります。そして、後者は養育里親を中心として、子どもの心身の発達や、愛着を育てる必要があります。また後者の場合は、家庭復帰を考え、里親も児相と一緒に保護者を支援することが大切になり

ます。

　子どもの年齢が乳幼児の場合は、特定の養育者との間に愛着
を育てることが最も大切です。ですから、保護者による養育の
可能性がない子どもには養子縁組が、引き取りの可能性がある
場合には養育里親が望ましいと言われます。
　学齢に達した子どもには、それまで子どもが居住していた地
域の養育里親が、中学高校生には養育里親やファミリーホーム
の活用が望ましいと言われます。しかし、高年齢児を預かろう
とする里親が足りていません。思春期特有の反抗的な態度は、
当然にあります。おおらかな気持ちで寄り添い、優しく受け入
れる養育里親が望まれます。
　また、中高生の場合は、本人にも里親制度についての説明を
し、納得して里親家庭に措置してもらうほうがスムーズに生活
できます。あらかじめ里親家庭に訪問する機会を持つなどの工
夫が必要です。

　登録されて間もない里親へは、現状は乳児院からの措置変更
や、児童養護施設の幼児、あるいは小学校低学年までの子ども
の措置変更が多いです。措置というのは、都道府県つまり児童
相談所が預ける先を決める行政行為で、児童福祉施設に預ける
ことを措置入所、里親やファミリーホームに預けることを措置
委託といいます。措置変更とは預け先を変えることです。

　ベテランの里親やファミリーホームへの委託の中で、この頃
よく見られるのは、児童養護施設で生活している思春期の子ど
もの措置変更です。なかでも、幼少期より長期にわたって児童
養護施設で生活してきた子どもの措置変更による里親委託が増

えています。

　思春期になり、問題行動が多発して、どうしても施設の若い職員では対応に苦慮する例が後を絶ちません。一人では自制できることでも、集団になるとエスカレートしてしまいます。一般的な個人の家庭生活ならばかなえることができる個人個人の要求も、集団生活では特別扱いできないため、子どもの不満が爆発してしまうことがあるのでしょう。

　どのベテラン里親も、児童相談所のケースワーカーや、児童養護施設や乳児院に配置されている里親支援専門相談員の支援を受けながら、思春期の子どもたちの養育に精一杯臨んでいます。

　また、個別的な支援を必要とする子どもの中でも、特に、虐待を受けた子どもや障害等がある子ども、コミュニケーション能力に問題があり集団生活に不適応を起こす恐れがある子ども、非行の問題がある子どもには、子どもの状態に適応できる専門里親やファミリーホームへの委託が検討されます。

　「施設養育：里親養育」ではなく、施設も里親も、保護者（実親）をともに支援していくチーム養育「施設→保護者と子ども←里親」で、要保護児童と呼ばれる子どもたちと、その保護者を支えていくべきでしょう。

（2）児童養護施設入所児童等調査

　厚生労働省は5年ごとに「児童養護施設入所児童等調査」をしています。児童福祉法に基づいて里親やファミリーホームに委託されている児童、乳児院・児童養護施設・児童心理治療施設・児童自立支援施設・障害児入所施設の入所児童、母子生活

支援施設入所世帯と該当の児童、自立援助ホーム入居児童を対象に、全数調査を行っているものです。

　里親家庭には、児童相談所が個別に調査を行い、調査票を作成します。ファミリーホームの場合は、事業者であるホームが一人ひとりについて専用の調査票に記入します。大変大掛かりな調査で、直近では令和5年2月1日に行われましたが、結果公表は2年後に予定されています。

　令和2年に公表された平成30年2月1日の調査においては、里親家庭の子ども5,382人、ファミリーホームの子ども1,513人について調査が行われました。全数調査ですので、平成30年2月1日時点の里親等への委託児童数が、6,895人であったこともわかります。

　子どもの現在の年齢は、里親家庭の平均が10.2歳、ファミリーホームでは11.6歳です。その子どもが委託されたときの年齢の平均は、里親家庭が5.9歳、ファミリーホームが8.2歳です。しかし、最も多い年齢層は、どちらも2歳です。里親家庭には780人、ファミリーホームには117人の2歳児が委託されています。しかも、6歳以下で委託される里親家庭の子どもは56.7％にあたる3,051人で、ファミリーホームの子どもは33.9％にあたる513人となっています。

　ファミリーホームには、0歳児から18歳児まで、どの年齢層もまんべんなく委託されています。しかし、里親家庭で預かる子どもの場合は、6歳以下で委託される子どもが63％を占め、なかでも0歳から2歳児までが1,930人で全体の36％にあたります。そのことから、乳幼児に限っては、養育里親よりは、養子縁組里親を希望する里親が多いことがうかがい知れます。

　また、子どもの委託期間の平均ですが、里親家庭が4.5年、ファミリーホームが3.6年でした。しかし、どちらも最も多い

委託期間は「１年未満」で、20％ほどです。

　養子縁組里親の場合は、６か月の試験養育期間を待って家庭裁判所に申請に行きます。その後審判が下りるまで、半年前後かかります。養子縁組が成立すると、委託はその日をもって終了しますので、最多の委託期間が１年未満というのはうなずけます。

（3）子どもたちの心身の現状

　先輩の里親が、子どもを預かって養育する上でどんなことに気をつけているのか、先の調査からわかります。上位５点の留意点は以下の通りです。

●里親が気をつけていること

1位　精神的情緒的な安定
2位　里親との関係
3位　基本的な生活習慣
4位　家族との関係
5位　学習への興味・関心

●ファミリーホームが気をつけていること

1位　基本的な生活習慣
2位　精神的・情緒的な安定
3位　学習への興味・関心
4位　家族との関係
5位　友人との関係

　精神的・情緒的安定については、児童養護施設や児童心理治療施設・児童自立支援施設など、全ての社会的養護関係の施設で共通する留意点です。

　どの子どもたちも、自ら求めて児童相談所に保護されることはほとんどありません。子ども自ら児童相談所に助けを求めるということは、大変な状況にあるということです。深夜、児童相談所に助けを求めに訪れた子どもを追い返した事件がありましたが、とんでもないことです。

　多くの保護された子どもは、突然、実の家庭から離されて新しい環境で生活するわけで、たいていの場合は、自分の意思とはかけ離れたところで生活が始まります。

　子どもたちは、初めは借りてきた猫のように大変おとなしいものです。ところが、早くて1か月、ほとんどの子どもが3か月ほどすると、素の顔を出して問題行動を起こし始めます。そうなると、里親家庭の内外でトラブルを抱えることになります。里親としては、できるだけ穏やかな生活を何とか送ることができるようにと心をくだきます。

　また、どの子どもも、ふつうであればできる基本的な生活習慣が身についていません。顔を洗わない、歯を磨かないに始まり、箸を正しく持てない、座ってご飯を食べることができないなどです。不登校の子どもや宿題をしたことがないと答える子どもは、里親でおよそ5％、ファミリーホームで7％にのぼります。

　学業状況は、里親で23％、ファミリーホームで38％の子どもに遅れがあると回答しています。しかし、里親家庭の63％の子どもは、特に問題がありません。新人の里親には、そういった子どもが預けられます。自分に預かることができるかしらという心配には及びません。通学状況でも、77％の子どもがふつう

に通えています。

　一方で、里親家庭に委託されている子どもたちの心身の状況で、25％にあたる1,340人の子どもが何らかの障害を抱えています。そのうち最も多いのが知的障害で、次いで広汎性発達障害（自閉症スペクトラム）、注意欠陥多動性障害（ADHD）、反応性愛着障害と続きます。ファミリーホームでも、47％にあたる703人が同じ傾向にあります。また、預かった子どもたちは病気にかかりやすいかという質問では、里親家庭の子どもは15％が、ファミリーホームでは27％がかかりやすいと回答しています。

　ただし、不登校や、学業に遅れがある子ども、障害のある子どもなどの困難を抱える子どもの多くは、経験豊富なベテラン里親や専門里親、そしてファミリーホームに委託されます。その養育の様子を知ることは大変有意義です。里親となった際には、ぜひ経験豊かな里親と話すことをお勧めします。

　ベテランの里親でも頭を痛めることがあります。最も多い悩みは、SNS（ソーシャルネットワークサービス）やスマートフォンなどのITツールの知識と対策についてです。いったいどこで覚えたのだろうというくらい、大人では太刀打ちできないことが多々あります。何年か前には、知らないうちに、子どもが里親の電話番号を使ってスマホ上でなりすましをしたため、大変な迷惑を受け往生したということもあります。若い世代の里親に習って対策を立てることが必要な時代に入ったといえます。

　マナーを教えることも必要ですが、その前に、してよいこととそうでないことの区別を教えることから始めなければならない子どもも多いのです。

（4）課題を抱えて生きる女児

　3歳で児童養護施設に措置入所した後、中学2年、14歳で専門里親委託となった女児B子の養育事例を紹介します。

【事 例】

　B子は、5人きょうだいの第4子として誕生しました。幼少時より、両親の身体的、心理的虐待のため、養育環境が不安定だったといいます。

　両親の離婚により、生後間もなく父方の祖父母に引き取られました。祖父母宅は2DKのアパートで、そこに大人3人と子ども5人のすし詰めの生活を余儀なくされました。ほどなく父は、家を出たまま帰らなくなりました。

　子どもたちの養育を担っていた祖母が亡くなり、幼い子どもたちを養育することができず、児童相談所に保護されました。その後、きょうだいそろって同じ児童養護施設に措置入所しました。

　入所した3歳2か月当時は、まだおむつを着用しています。「言語は不明瞭だが、人の言葉は聞き取れる。健康状態、運動は特に問題なし。しかし、性格傾向は落ち着きがない」との記録が残っています。

　小学生の頃より、感情の起伏が激しく、精神的に不安定になると大泣きしてパニック状態になる、また、唾はきや、一人でうろつく等の行動が多々見られました。

　中学校入学以降、遅刻、欠席が大変多くなり、万引き、喫煙などの問題行動が多発。施設職員に対しては、暴言、反抗を繰り返すなど施設は対応に苦慮しました。

　施設から何度も児童相談所の一時保護所に指導のために行き

ますが、精神的な不安定さは改善できません。施設に戻ると、施設職員に対しての反抗的態度が一層激しくなり、集団での生活が困難と判断され、委託になりました。

　学校での成績は、160人中150番程度で、特に数学はほとんど理解できません。委託と同時に精神科にも通院を開始して、服薬も始めました。

　委託になって間もなく、コンビニエンスストアや衣料品のスーパーで次から次に万引きをしています。後日、窃盗を認めたので、里親とともに謝罪に歩きましたが、本人に反省の色は見えませんでした。学校では担任に対して暴言を吐き、授業には参加しません。それでも、遅刻しつつも毎日登校はしました。何か満たされないものがあったのでしょう。

　その後、再度の万引きが発覚。欠席、駄々をこねる、暴言、喫煙、学校を抜け出すなど行動面の抑制が効かなくなりました。授業を受けず、うろうろした挙句黙って帰宅してきます。里親は、帰宅するだけまだよいと構えていましたが、中学校側は厳しい目で見ています。厳しくされればされるほど、学校での問題行動が目立ち、注意されると暴言を吐きます。髪染めをして反抗するなど、行動がエスカレートした挙句、2度にわたり学校内で自傷してしまいました。

　家でも里親の金を盗み、夜間の無断外出をしています。喫煙等が続き、児童相談所の担当ケースワーカーが何度も指導に来ています。少しずつではありますが、その後、何とか落ち着いて生活ができるようにはなりました。しかし、金銭感覚が全く身についておらず、小遣いはいっぺんに無くなります。不必要なものを購入する一方で、人からもらえばよいと思っているようで、金銭管理ができません。万引きはしなくなりましたが、人の物と自分の物の区別がつきません。私物が少ない施設生活

の弊害ではないかと里親は悩みました。掃除や整理整頓が一人
ではできず、辛抱強く教えました。近所から苦情が出るほど大
声で歌ったり、踊ったりして悩まされましたが、良いことにだ
け目を向けるようにしました。料理の手伝いをするようになっ
たのは、ほめられて嬉しかったからだと、のちに本人が話して
います。

　コミュニケーション能力が乏しく、うまく伝わらないためな
のか、言いたいことを上手に言えません。人との距離感がつか
めないため、危機意識が働かず、見ず知らずの人にくっついて
車に乗ってしまうことが多々あり、かかわる人は皆、何よりそ
れが心配でした。高校への進学について、本人にその意思はな
く、実際に学校生活を続けることは困難であると児童相談所が
判断しました。B子は精神保健福祉手帳を取得して、障害のあ
る人たちのグループホームに入所、併設の福祉作業所で働くこ
とが決まり、里親家庭を巣立ちました。B子が残していった手
紙です。預かって2年足らずの怒涛の日々でした。

いつもおいしいごはん作ってくれてありがとうございまし
た。
いつも楽しい「きかく」たててくれて最後まできかくして
楽しい思い出を作ってくれて　ありがとうございました。
そして　めいわくかけたりわがままいったり　キズつけて
ゴメンナサイ。
みんなとすごした時間楽しかったです！

バイバイ　✋

Ⅱ 保護を要する子どもの今後の見通し

（1）実家庭との交流の現状

　子どもたちの実家庭の状況を調べると、里親に委託される子どもの78％、ファミリーホームの子どもの84％に、両親あるいは一人の親が存在します。また、両親ともいない、あるいは不明の子どもの場合でも、祖父母をはじめとする親族が養育している場合が、里親家庭の子どもで64％、ファミリーホームの子どもの場合で34％います。ですから、養育里親にとっても、子どもにとっても、実親や親族との関係は大変重要になります。いずれは、子どもは実親の元に帰るか、親族と行き来をするようになりますので、実親やきょうだい、あるいは親族との間に良い関係性が築けるようにサポートすることが望まれます。

　しかしながら、実の家族と交流がある子どもは、里親家庭では28％（1,511人）しかいません。70％（3,782人）の子どもは、全く交流がありません。ファミリーホームの場合には、交流のある子どもが54％（821人）、全く交流のない子どもは37％（559人）です。

　児童養護施設の子ども2万7,026人を見ると、交流のある子どもが72％（1万9,336人）で、交流のない子どもが20％（5,391人）です。このことから、里親家庭で暮らす子どもは、里親以外によりどころとする人がおらず、措置委託が終了した後も里親との関係が濃密であり、むしろ委託終了後こそが里親養育の醍醐味になっているといえます。そのため、里親と子どもたちとの関係が一番重要だとする里親も多いのです。

（2）これからの里親の姿

　先述の通り、今までは、子どもと実親との関係が明らかに希薄な場合でしか、里親養育は選択されてきませんでした。これまでの里親の中には、実親の影がちらつくことを嫌っていた人すらいました。

　しかし、社会的養育という視点で見るならば、子育てが困難な家庭を支援することが第一です。これからの里親には、子どもだけでなく、その親も含めて支援しようという視点を持つ方が増加することが期待されています。

　実際に、養子縁組を目的としない養育里親の場合、実親と面会や外出、外泊等の交流をする子どもの委託が増えてきました。それに伴い、里親と保護者が相対する機会も多くなりました。里親が子どもだけでなく、その保護者も支援する時代にようやく変化してきたといえます。

　また、実子がいる養育里親も増加してきました。近所の親戚のような感覚で、実子とも仲良く生活してほしいと、実子のいる里親は話します。

　特定の子どもだけをずっと養育したい方だけでなく、いろいろなタイプの里親が必要となっています。

　例えば、30〜40歳代の看護師や保育士の独身女性が、高校生の女児を養育している例がいくつもあります。当然、専業主婦でなければ里親はできないということは全くありません。里母の半数以上は、何らかの就労をしています。乳幼児を預かる場合でも、保育所等を利用したり、親族に養育を手伝ってもらったりして、仕事を続けている里母も多くいます。

　男性で、初めから独身の養育里親は、筆者は聞いたことがありません。しかし、離婚や死別により途中で単身になった男性

の里親は、何人もいます。いずれも、子どもはそのまま委託が続いています。むろん、親族里親であるおじいちゃんが単身で引き取り、育てている例は何人も知っていますが、ここでは、非血縁者と限定しての養育里親の話です。

　より多くの方が心配せずに養育里親になることができるように、制度も改善されています。

（3）引き取りの見通し

　里親家庭の子ども5,382人のうち、実親家庭や親族に引き取られる見通しのある子どもは11％（583人）に過ぎません。養子縁組の予定が12％（654人）ですが、自立まで里親家庭で過ごす子どもは69％（3,696人）にのぼります。

　ファミリーホームの子ども1,513人のうち、実親家庭や親族の引き取り見通しのある子どもは、20％（295人）です。養子縁組は20人が予定されており、1％強です。自立までファミリーホームで生活する子どもは69％（1,040人）です。

　一方、施設養護と呼ばれる児童養護施設では、全体の3割にあたる7,801人の子どもたちが実親家庭や親族に引き取られる見通しがあります。しかし、ほかの子どもたちは家庭復帰できません。

　乳児院の子どもでは、26％が引き取りの目途がありますが、ほかの子どもには家庭復帰が望めません。残念ながら、養子縁組の予定があるのはわずか3％（92人）に過ぎず、里親やファミリーホームへの委託見通しは9％（272人）だけです。つまり、6割の子どもはそのまま乳児院で過ごすか、他の施設に行くということです。

　児童養護施設や乳児院等で生活する子どもたちの中で、実親

や親族による引き取りの見込みのない子どもたち、虐待などで子どもが自宅で暮らすことができない保護を要する子どもたちに対しては、安定した養育環境で特定の大人と愛着関係を結び、家庭と同様の環境で、健やかな子どもの成長と発達を保障することが必要です。そのために、今後ますます、里親やファミリーホームでの養育が必要となっていきます。

　子どもたちにとって、実家庭で過ごすことが何よりです。しかし、それがかなわぬ子どもたちがいます。一日も早く、多くの里親が温かい家庭を提供してくださることを切望します。

★コラム★　高年齢児には年配の里親を

　高年齢児を預かる里親が不足していることを述べました。筆者は、定年を迎えるなどして新規に里親登録をした年配の里親等に高年齢児を預かってもらえたならば、彼らの自立に大変役立つと考えます。

　なぜかというと、第一に、思春期の子どもは、思春期特有の反抗的な態度をとります。しかし、反抗的な子どもほど根は優しいものです。里親が優しく接すると、思いのほか素直になります。養育者に、きちんとしつけなければという焦りの気持ちがないほうが、子どもはうまく里親家庭での生活に適応していきます。その点、年配の里親であれば、おじいちゃん、おばあちゃんの感覚で接することが可能です。子どもにとっても、構えることなく里親家庭に入ることができ、生活が心地よく安定したものになりやすいのです。

　また、中高生になると、自分の親のことをよくわかっていますので、自分の親と里親の年齢が近いと、どうしても比較してしまいがちです。子どもにとっては、残念なことに自分の親のほうが里親より劣っていると強く感じるようで、「見かけは自分の親のまま、中身だけ里親に変わってほしい」と多くの子どもたちが言っているのを聞きます。里親家庭で安定した生活を送れているという証拠でもありますが、実親との関係を考えると、あまり望ましいことではありません。

　第二に、18歳以降の居場所の問題です。里親養育は基本的には高校卒業までです。しかし、当然すぐに自立できるわけではありません。その後の数年、後ろ盾のない子どもにとっては困難なことが多すぎます。ですから、措置が終了した後も、心のよりどころとなって、いつでも帰って行ける場所を提供できるよう、安定した生活を送っている年配の方に里親になってもらえたらと思います。

第3章

里親養育への支援と
子どもの権利

第1節　児童相談所との かかわり

Ⅰ　児童相談所による虐待への対応

（1）児童相談所とは

　児童相談所とは、児童の福祉に関する相談、調査、判定、指導等を行うため、児童福祉法により都道府県、指定都市および児童相談所設置市に設置された相談所のことです。略称を児相といいます。厚生労働省の発表によると、令和5年2月1日時点で、全国で230か所の相談所と151か所の一時保護所があります。

　全ての子どもが心身ともに健やかに育ち、その力を最大限に発揮することができるように、子どもやその家庭等を援助することを目的とした相談援助のための専門機関であり、都道府県市等の児童福祉推進のための第一線の行政機関でもあります（児童福祉法12条、59条の4、地方自治法156条別表5）。

　児童相談所では、0歳の乳児から18歳未満の子どもを主に援助します。ほかに、妊娠中の親や18歳を過ぎた未成年者等についても、必要に応じて相談にのります。

　また、児童福祉法や児童虐待の防止等に関する法律に基づいて、相談援助活動にあたります。子どもやその家庭にとって最も効果的な援助を行うために、市町村や福祉事務所、学校、警察家庭裁判所、医療機関、児童福祉施設など子どもの福祉に関係するあらゆる機関や団体と密接に連携して、その支援や協力

を得て、相談援助活動にあたっています。

　児童相談所には、児童福祉司や心理士、看護師や保健師、保育士などの専門職が数多く配置されています。小児科等の医師が配置されているところもあります。そして子どもの権利擁護と虐待の増加に伴い、国は児童相談所への弁護士の配置を進めてきました。

　令和4年4月1日時点では、全国には都道府県・政令指定都市・児童相談所設置市が合わせて76自治体あり、228か所の児童相談所が設置されていましたが、そのうち7.5％にあたる17か所に常勤で18人の弁護士が配置されています。また、非常勤では50.4％にあたる115か所で178人が配置され、残る42.1％の96か所は、弁護士事務所と契約を結んでいます。

　しかし、それでも全国で、虐待により子どもが死亡するという事例が後を絶ちません。そこで国は、児童相談所の職員の更なる増員や、関係機関との連携の強化に努めることにしました。連携先には里親も含まれます。そして、子どもを保護する職員と、その後の保護者への指導をする職員とを分けるなどの組織体制の強化が、令和2年度より実行に移されています。

（2）児童相談所と里親

　里親は、常に児童相談所と連携をとりながら、あるいは相談しながら、社会的養育を担う一員として活動しています。

　多くの里親にとって長年の念願だった「里親課」等が設置されるなど、要保護児童の里親養育委託へ向けて、児童相談所における大きな意識改革が始まりました。

　また、里親養育支援児童福祉司が、令和4年4月1日には188か所に243人が配置されました（前年度は151か所191人）。

市町村支援児童福祉司は72か所に76人が配置されています（前年度は58か所61人）。

　里親が預かる子どもたちの中には、養育がかなり困難な子どもが含まれています。家庭での生活に慣れてくると、多かれ少なかれ問題行動を起こします。そんなときは、まず担当の児童福祉司や心理士に相談します。場合によっては専門の児童精神科医師の診察を受け、チームで養育をします。決して里親単独の養育ではないことが、公的な養育といわれるゆえんです。

（3）虐待相談の対応の強化

　児童虐待相談の対応件数は、10年前と比べて10倍以上に増えており、虐待対策が緊急の課題となっています（P.59《2-2》参照）。国民の虐待への意識も変わってきました。

　平成16年10月に児童虐待防止法が改正され、配偶者間の暴力は、子どもにとって心理的虐待であると明確化されました。面前DVといいます。また、きょうだいへの虐待は、子どもにとって心理的虐待であると例示されています。さらに、警察がDV事案に積極的に介入するようになり、児童相談所全国共通ダイヤル（１８９）を導入するなど虐待への取り組みを強化しています。

　しかし、児童虐待対応件数は現在もうなぎのぼりで、衰えることがありません。そこで、平成30年7月、児童相談所や市町村の体制および専門性を計画的に強化するための「児童虐待防止対策体制総合強化プラン」が策定されました。

　また児童虐待防止法では、児童虐待に係る通告や市町村等からの送致を受けた場合には、48時間以内に子どもの安全の確認を行うよう努めるとともに、必要に応じ「速やかに」一時保護

を行い、子どもの安全を確保した上で、事実を調査し、虐待の有無を立証することを定めています。この手続きが、子どもの最善の利益の確保のためには重要です。

　さらに令和4年9月2日の関係閣僚会議で、令和4年改正児童福祉法の円滑な実施を目指し、「児童虐待防止対策の更なる推進について」が決定されました。

　ここでは、令和5年4月から創設するこども家庭庁を司令塔として関係省庁が連携し、政府一丸となって、子どもや家庭が抱えるさまざまな課題に対し取り組み、子どもの権利擁護の環境整備、子どもの意見聴取等の措置、意見表明等支援事業の体制整備や、「こども家庭センター」を全国展開するなど、児童育成支援拠点事業、親子関係形成支援事業等の実施を図るとしています。また、適切な一時保護の実施、児童虐待防止に関する施策の検討・実施も含め、常に子どもの最善の利益を第一に考えた「こどもまんなか」社会の実現のため、速やかに取り組むとしました。

（4）私たちにできること

　子どもへの虐待のニュースを耳にするたびに、あまりのむごさに目を覆いたくなることがあります。子どものかわいそうな姿が脳裏をよぎり、心がつぶされそうになる方も多いでしょう。虐待を行った者に対して怒りを覚え、子どもたちのために何かできることはないかと考える人もいます。

　子育てに行き詰まっている人を見たら、手を差し伸べる勇気が必要です。本人にしてみれば、自分が虐待をしているなんて思ってもみないかもしれません。ただ、行動がエスカレートしていることも考えられます。周りの人が少しサポートをするだ

けで、子育てがうまくいく場合も多いといわれます。

　もちろん、里親になり、地域の子どもを養育することも、大きな力になります。

　「ちょっと気になるけど、どうしたらよいかわからない」あるいは「もしかして虐待かも」と感じたら、思い切って「１８９（いちはやく）」に電話してください。通話料無料で近くの児童相談所に通告・相談ができる全国共通の番号です。匿名でも構いません。電話を受けた児相は、速やかに子どもの安全の確認に向かいます。その際に電話をした人の情報を漏らすことは絶対にありませんので、安心してください。

Ⅱ　措置委託と措置解除

　里親にとって、児童相談所は絶対的な存在です。里親が預かる子どもは全て、児童相談所からやってくるからです。

　都道府県や政令市等は、児童相談所を通して里親に要保護児童を「措置委託」します。措置委託とは、都道府県等の出先機関である児童相談所で保護した子どもを、行政行為として里親などに預けることです。

　児童養護施設や乳児院などの福祉施設に預けることは、「措置入所」と呼び、里親等に預ける措置委託と区別しています。

　また、行政行為をやめることを「措置解除」といいます。里親家庭にとって、措置委託されるということは、子どもがやって来ることを指します。ですから、どんな理由があっても、それは大変嬉しいことです。しかし、措置解除は、里親家庭から子どもが離れていくことですので、嬉しい場合もあれば、残念な場合もあり、大変重い意味を含んでいます。

　特に、里親が納得しないまま措置が解除されることは、児童相談所との間に大きな確執を生じることさえあります。6歳で措置解除となったある男児の事例を紹介します。

【事　例】

　要保護児童として児童相談所が保護したC太郎くんは、当時3歳でした。児童相談所は、愛着障害を避けるためにも養育里親のY田夫妻に預けます。Y田夫妻はC太郎くんをとてもかわいがりました。

　3年後、それまで一度も連絡をよこさなかった実母のC子さんが突然現れて、引き取ると言い出しました。Y田夫妻は、子どもがかわいくて手放したくありません。しかし、小学校入学までに家庭復帰することを目標に、面会が始まりました。

　ところがC子さんは、面会直前になって何度もキャンセルするなど、本当に引き取る気持ちがあるのかはっきりしません。それでも何とか帰省（自宅に宿泊）を始めました。しかし、C太郎くんは自宅から戻ってくるたびに、昼夜逆転の生活になって、夜寝ようとはしませんし、菓子や炭酸飲料ばかりねだります。Y田夫妻は頭を抱えました。

　実はC子さんは、C太郎くんを家に連れ帰ると、子どもを連れて深夜まで遊び歩き、食事はファミレスに行くかスナック菓子を与えるばかりで、なかなか落ち着いた生活ができていないことがわかりました。とうとうY田夫妻はC子さんに、「C太郎くんにふつうにご飯を食べさせてほしい」と頼みました。それと同時に児童相談所には、「C太郎くんの措置を解除しないでほしい」と申し出ました。しかし、間もなく児童相談所の職員がやってきて、一時保護所にC太郎くんを連れて行き、そのまま措置解除になりました。

　その後、Y田夫妻はC太郎くんに会わせてもらえないままです。せめて、さよならだけは言いたかったと悔やんでいます。

　こういったケースでは、児童相談所によって対応はまちまちです。

　児童相談所がC太郎くんを保護所に連れて行った理由は、里親であるY田夫妻には説明されていません。Y田夫妻のC太郎くんへの思い入れが強すぎると判断されたのかもしれません。あるいは、子どもと実母との距離を近づけるために、あえて里親から離したのかもしれません。

　ここでは、そういった児童相談所の対応について批評をするつもりはありません。考えたいのは、里親の気持ちについてです。Y田夫妻は、「こんなに悲しいのなら、もう二度と幼児は預かりたくない」と話します。

　Y田夫妻は、措置が解除されたことに対して、児童相談所が判断したのだから仕方ないとは思っていますが、決して納得はしていないと言います。「自分たちは確かに養子縁組里親ではないので、児童相談所の決定に不服が言える立場ではないのはわかっている。しかし、措置解除後の様子などの情報を里親に話してもらえないことが不満だ」と話します。以前ほどではありませんが、措置が終了すると、児童相談所はその子どもについての情報をなかなか教えてくれません。

　社会的養育の目指すべき究極の目標は、実の親子の再統合といわれています。わかってはいるつもりでも、一方的な措置解除は里親の意欲をそいでしまいます。

　措置が解除される理由は、統計上6つに分類されています（理由がはっきりしないのが、⑥その他です）。

① 保護の必要がなくなり帰宅する

② 養子縁組

③ 満年齢になる（18歳）

④ 死亡する

⑤ 就職する

⑥ その他

　また、措置変更で児童福祉施設に入所する、あるいは他の里親に委託されることもあります。

　養育里親は、子どもの養育と同時に、実親への支援もしているということを常に頭の片隅に入れて、措置委託された児童の養育にあたる必要があります。そして、措置解除になる日が必ず来るということをいつも心に置いて、日々の養育に励まなければなりません。

Ⅲ 一時保護所と一時保護委託

（1）一時保護所とは

　子どもの安全の確保を目的として、全国で年間2万人あまりの子どもたちが一時保護所で生活しています。令和2年度の平均在所日数は32.5日でした。令和5年2月時点で全国に151か所ある一時保護所では、個別対応のための環境改善が図られています。また、第三者評価の実施を行うなど子どもの権利侵害の防止に取り組んでいます。

　近年の児童虐待の増加により、一時保護の需要が増しています。一時的に子どもを親から離すことで子どもの生命を守れることが明らかな場合、棄児や家出した子ども等保護者がいない

場合、子どもの行動によって子ども自身や他の人の生命・身体・財産などに危害を及ぼしそうな場合などに、緊急に保護します。また、子どもの行動観察や生活指導のための援助方針を決定するために一時保護することもあります。そのほかにも、一時保護所に短期入所させて、そこで心理療法やカウンセリングを行う場合もあります。

　保護されている間は、学校へ通学することはできません。たいていは、午前中プリント等で教科の学習をして、午後はボール遊びなどの運動をします。保護課の職員のほかに、教員免許などを持つ非常勤職員が配置され、学習指導が行われます。2か月を超えて保護することは、基本的にはできません。それまでに子どもへの援助の方針が決定され、自宅復帰がかなわない場合には、施設入所や里親委託などがなされます。

　一時保護所での生活の様子を子どもたちに聞くと、おおむね好意的な返事が返ってきます。なかには、「自由がない。少年院と同じ」などと表現する子どももいますが、たいていは、「先生は優しかった。ご飯はおいしかったよ」という声が多く、また行きたいという子どもさえいます。

　ただ、思春期の子どもたちは、ゲームができない、スマートフォンを取られた（実際は、一時保護所では使えないため保管されていて、退所するときに返却されます）などの不満を口にします。

　また、子ども同士で連絡先を交換しないという規定が、どこの保護所でも交わされているようです。しかし、SNSの発達で、一時保護所を出ると、連絡先を交換していなくても、スマホのアプリで簡単に連絡が取れるようになっているため、形骸化しています。このあたりは、里親よりも子どもたちのほうが、は

るかに知識も実践も長けています。

（2）一時保護委託

　ここ数年、里親が児童相談所から一時保護委託で子どもを預かることが増えてきました。

　特に虐待相談対応で、一時保護、あるいは一時保護委託された子どもの中で、里親やファミリーホームに措置委託になった（正式に委託になった）子どもの数は、平成28年の児童福祉法改正後の推移を見ると、28年度568人、29年度593人、30年度651人、令和元年度735人と上昇してきました。

　ところが令和2年になると、虐待を理由に一時保護された子どもの措置委託への変更は、656人と初めて減少に転じています。これは、里親だけでなく、児童養護施設、乳児院、その他の施設への措置入所も同様で、前年より減少しています。その理由としては、①3年ほど前まで4万5,000人程度だった要保護児童数が約4万2,000人に減少したこと、②虐待はいけないことだと世の中に浸透してきたことなどが考えられます。

　とはいえ、全ての事案の一時保護および一時保護委託から里親措置委託への全体の対応件数は1,648件でしたので、虐待対応とした事案656件は、およそ40％にあたり、こうした児童の養育が専門里親だけでは追い付かなくなっているのは自明の理でしょう。

　以前は、里親が一時保護にかかわるというのはよっぽどのことで、ベテラン里親に時々そういったことがありました。しかし近年は、養育の経験年数が浅い里親であっても頻繁にあります。登録して初めてやってきたのが一時保護の子どもだった里親もいます。全国各地の里親も同じような感想を述べています。

　1人の子どもを長期で養育している里親の元に、もう1人、一時保護委託があるなど、今後ますます里親の役割は増加すると考えられます。

　里親への一時保護委託のよさは、子どもが一時保護されても、普段の生活を維持するため、学校へ通えるなど、子どもの生活環境の変化が少ないことです。これは、子どもにとって大変意味のあることです。地域に生活する里親家庭ならではの特徴であり、このよさを最大限に活かすために、里親として、子どもの権利に配慮した生活の提供が求められています。

第2節 里親養育への支援

I 里親養育支援と「心の支援」

（1）児童相談所等による支援

　里親委託が見直され、重要視されるようになって、児童相談所では、里親支援が一定の業務となりました。筆者が里親になった20年以上前と比較しても、隔世の感があります。

　里親に関する児童相談所の具体的な業務としては、以下のようなことがあげられます。

① 里親に関する普及啓発活動
② 里親の相談に応じ、必要な情報の提供、助言、研修その他の援助
③ 里親と乳児院、児童養護施設、児童心理治療施設または児童自立支援施設に入所している子どもおよび里親相互の交流の場の提供
④ 里親の選定および里親と子どもとの間の調整
⑤ 里親・委託予定の子ども、その保護者の意見を聞き、養育計画を作成する
⑥ 養子となる子ども、その父母や子どもの養親となる者、養子となった子ども、養親となった者や養子となった子どもの父母、その他の子どもを養子とする養子縁組に関する者の相談に応じ、必要な情報の提供、助言、その他の援助

　特に注目すべきは、養子縁組後の支援です。今までは養子縁組が成立すると、里親から養親となり、児童相談所の手から離れてしまっていました。そのため、里親登録を残すことで研修等に参加したり、あるいは里親会や自助グループでケアするしか援助の方法がありませんでした。しかし今後は、児童相談所がその相談に応じ、援助することになりました。

　養子縁組の場合、出産していない事実を子どもに伝える「真実告知」や、子どもの「出自を知る権利」の保障、思春期特有の問題行動など悩みは尽きません。今後必要となるであろう、家庭裁判所との連携や養子縁組あっせん団体との連携協力など、きめ細かな対応を児童相談所の業務としたことは画期的です。具体的にどのような支援になるのかは、まだ定かではありません。おそらくは、真実告知の問題や、子どもの出産と委託に至った経緯の情報や、それらにまつわる相談などでしょう。あくまでも子どもを支援することに主眼が置かれると考えられます。

　一方で、養育里親による要保護児童である子どもの養育と、養子縁組里親、養親による要保護児童であった子どもの養育とでは、その支援内容は、おのずと異なります。それぞれが抱える問題や課題をともに解決していくことが、何より重要になります。

　里親制度は、里親のための制度ではありません。子どもの福祉のための制度です。子どもの福祉のためには、必要とする子どもの数の3倍の里親が必要といいます。しかし、その数が絶対的に不足しています。むろん数だけでなく、里親の質の向上も問われます。そのためにも、児童相談所の関与は不可欠です。

　児童福祉法の改正や、児童虐待相談対応件数の増加に伴い、

「児童相談所運営指針」がたびたび改正され、各地の児童相談所で組織改革が行われています。その上、年度が替わると、新規職員がいたり、転勤になって担当替えになっている場合もあります。里親になろうという方は、落ち着いた頃合いを見計らって児童相談所に連絡を取ることをお勧めします。また、里親のための課や係が置かれるようになってきましたので、電話で確認するとよいでしょう。

　里親は民間人ではありますが、要保護児童と呼ばれる子どもたちに公的養育をしています。子どもたちの福祉のために児童相談所と連携することが肝要です。

　どの里親にも、里親や委託されている子どもたちに対して支援してくださる多くの人々との出会いが待っています。子どもの担当の児童福祉司や心理職との交流をはじめとし、各種の研修会などでは、児童相談所の職員や里親委託等推進員、あるいは児童養護施設や乳児院の職員なども支援してくれています。

　里親に対する支援は、ともにチーム養育として子どもを育み、見守るという里親の養育を支援することに本質があります。その実現に向けて、児童相談所だけでなく児童養護施設や乳児院、また民間のフォスタリング（里親支援）機関による支援体制も整備されてきました。もちろん里親会のような、里親が相互に支援しあう当事者団体もありますし、里親が自主的に集う自助グループによるものもあります。

（2）里親同士による「心の支援」

　公的な里親支援は、あくまでも社会的養護の子どもを養育する里親のために、どうすればうまく養育できるかという、子どもの福祉に沿った養育技術に主眼を置いた里親養育を支援する

ものであり、その意味では、チーム養育としての里親養育を支援する大変重要なものです。しかし、実際の支援はそれだけでは事足りません。里親当事者相互による支援を行うことによって、里親の内面、心情に対して、支援機関では難しい「心の支援」を担います。

「児相や施設の人では、立場も違うし、気持ちをわかってもらえないので相談したい気持ちにならない」「児相や施設の人より、人生の先輩のほうが安心して話せる」と話す里親も多いのです。むろん子どもの養育もですが、家庭のこと、地域のこと、親族のこと、ありとあらゆる話を聞いて、ただただ寄り添ってくれる人も必要です。里親は、里親自身への支援者を求めているのです。

実際の問題として、血縁のない子どもを育てていると、ふつうの子育てでは生じえないさまざまな問題が降りかかってきます。忘れた頃に、思いもよらぬ形で、突然に起こるのです。

こういうとき、最も励ましが欲しいのは、里親自身なのかもしれません。

現在多くの里親は、「互いに子どもを養育している最中とはわかっていても、つい里親仲間に長電話をしてしまう」ことで、相互に心の支援をしています。

里親養育を支援することにおいて、子どもの養育への支援と、里親自身への「心の支援」とが、車の両輪のような関係であると筆者は考えます。見落とされがちな後者をどのようにしていくかが、今後の課題でもあります。

（3）外部による支援

子育ては、理屈通りにはいきません。そこで里親の多くは、

「里子の子育てについて、きれいごとや理想でなく、本音で話してくれる人が欲しい」「人生経験のある人に寄り添ってほしい」「夫婦の機微や、親戚づきあいなど、家庭ならではのことを聞いてほしいし、わかってほしい」「子どもが乳幼児の頃から成人するまで一貫して同じ人に支援してほしい」などの要望を出し、里親自身を支えてくれる人を求めています。

　自身が里親でなくとも、里親を励ましてくれる支援者、里親自身に寄り添ってくれる支援者を必要としているのです。

　地域の民生委員になって、里親家庭を見守る。地域の行事に里親家庭の子どもたちを招待する。支援団体に寄附をする。あるいはファミリーホームの支援者となるなど、里親になる以外でも里親家庭を支援することは可能です。

　現在、里親の多くが、友人や知人、あるいは地域の人によって子どもたちを見守ってもらっています。時には、子どもたちにと季節の果物や菓子を持参する人もいるといい、周囲のそういった気遣いに助けられていると話しています。

　里親になるのが難しい場合でも、こういったかかわり方で里親家族を見守ることが大きな助けとなります。

　わが家では、知的障害、発達障害、精神疾患、あるいは重複障害を持つ子どもたちばかりを養育してきました。ですから、内科、小児科、精神科などの先生方には大変お世話になっています。病院との連携がなければ、養育は困難であったろうと思います。

　また、子どもたちは地域の行事にも参加しますので、近隣の住民や、地域の商店や会社の方々からもかわいがってもらい、思いもかけず支援をいただいたりしています。

　ほかにも、ファミリーホームとなってからは、元児相長が中

心となった「応援する会」が作られ、定期的に子どもたちと交流する一方、大人になった元里子のケアなど日々の暮らしの中で親戚の役割を担ってくださり、大きな支えとなっています。

　このように、地域の第三者による支援というのは、里親が適正な判断をするために必要な、子育てのゆとりにつながります。筆者が多くの子どもたちの養育に携わることができたのは、そんな有形無形の支援のおかげであることは間違いありません。

子どもの権利を考える

I 里親から見た子どもの権利

　平成28年の児童福祉法改正で、子どもは「保護すべき対象」から、児童福祉を受ける「権利の主体」へと大転換しました。そして、「子どもの権利条約」の精神が基本理念とされ、全ての子どもにとって最善の利益が優先されるよう定められました。

　第3条には、社会的養護の子どもたちについて「家庭における養育環境と同様の養育環境」が原則であること、今後さらに里親養育を推進し、また養子縁組の活用を検討していくことが明記されました。

　子ども時代に愛し愛される親密な人間関係を築くことは、自尊心や社会性の基盤を育み、その後の人生を豊かにする原動力になります。

　子どもは、「自分の家族と一緒に暮らす権利」を持っていますが、社会的養護の子どもたちは、その権利を行使することができません。

　全国でおよそ4万2,000人あまりの子どもたちが親元を離れ、乳児院、児童養護施設、里親家庭、ファミリーホーム等で暮らしています。里親とファミリーホームでは、そのうち約7,800人の子どもを預かり、社会的養育を行っています。そして、自分の家族と一緒に暮らせるようになるまでの一定期間、できるだけ我が子を育てるのと同じように育てたいと考えています。

ふつうの家庭で行う養育と同様の、子どもが本来持っている「遊ぶ権利」や「学ぶ権利」を行使できる生活です。

　また、子どもが自ら「自分のことを知る権利」を行使できるように、何らかの支援ができないかと考えます。そのためには、里親は多くの情報を集めなければなりません。

　子どもが、自分の生い立ちやルーツ、委託された理由について知りたいと思ったときに、その情報を里親が持った上で答えられるかどうかで子どもの満足度は大きく違ってきます。

　里親にとっても、子どもに関する情報があるのとないのでは、養育の仕方、接し方、あるいは行動に対する理解の仕方が全く違ってきます。

　里親に対しては、子どもの過去、つまり児童相談所に保護された理由や実親に関する情報は、あまり開示されていません。守秘義務が強調されるあまり、情報の開示が進まなかったものと思われます。児童養護施設や乳児院等の児童福祉施設には開示されるものが、里親には開示されないことがよくありました。これに対し、里親会では長い年月をかけて情報の開示を訴え、現在では一定程度は情報が共有されるようになりました。

Ⅱ 　子どもの権利条約と児童福祉

　児童の権利に関する条約（以下、子どもの権利条約）は、1989年の国連総会で採択された子どもの基本的人権を保障するための条約です。1990年に発効されました。日本は、1994年に158か国目の批准国となりました。令和元年8月時点で、196の国と地域が批准しています。

　子どもの権利条約には、4つの原則があります。

① 命を守られて成長すること

② 子どもにとっていちばんよいことを考えること

③ 子どもが意見を述べて、参加できること

④ 差別のないこと

　子どもの権利条約は、54条で構成され、大きくは４つの権利（生きる権利・育つ権利・守られる権利・参加する権利）がうたわれていますが、児童福祉法と重なりあうものが多く見受けられます。児童福祉法は、「全て児童は、児童の権利に関する条約の精神にのっとり、適切に養育されること」という条文から始まります。

　子どもの権利条約でも児童福祉法でも、子どもの養育の責任は、子どもの保護者が負うと明記しています。

　すなわち、親は、誰よりもまず親としての責任で、自分の子どもを育てなさいということです。そして、国や地方公共団体は、親とともに、児童を心身ともに健やかに育成する責任を負うとしています。つまり、サポートしなければなりません。

　しかし、何らかの事情で親が責任を持って育てることができなくなり、一時的、恒久的に家庭環境を奪われた子どもや、その最善の利益を考えた場合に家庭にとどまるべきではないと判断される子どもは、国が与える別の保護や援助を受ける権利を持ちます（子どもの権利条約20条）。

　どんな親であろうとも、子どもにとっては大切な親です。国や地方公共団体は、子どもが家庭において心身ともに健やかに養育されるように、子どもの保護者を支援しなければなりません。何らかの事情で子どもを保護したとしても、まずは親子

が再び一緒に生活できるようにすることが求められます。しかし、それがかなわないときには、子どもは「家庭における養育環境と同様の養育環境」で生活する権利を持つのです。

Ⅲ　「家庭における養育環境と同様の養育環境」とは

　では「家庭における養育環境と同様の養育環境」とは、どういったものでしょうか。子どもの権利条約では、「里親委託、イスラム法のカファーラ、養子縁組」を指すとしています。イスラム法では血族以外の者との養子縁組は禁止されているといわれ、カファーラは、父母や保護者のいない子どもを地元の人などが「神の子」として大切に育てる制度とされています。

　日本では長い間、養子縁組は、個人的な欲求に基づく行為として考えられてきました。自宅でお産が行われてきた近代では、出産したばかりの子どもをすぐに養父母のところにやり、実子として虚偽の出生届を出す行為が多く見受けられました。産褥のために敷いた藁からそのまま養父母の元に行くため、「藁の上からの養子」といわれます。養子縁組は、実親側の子どもを手放したいという欲求と、養親側の子どもが欲しいという欲求により成立するもので、あくまで親たちの個人的欲求に基づく行為であり、子どもの福祉とは結びつかなかったのです。

　しかし現在では、子どもの恒久的な福祉を考えるならば、養子縁組は、親のない子どもにとって究極の福祉であるととらえられるように変わりました。

　実の父母に育てられない子どもは、まず子どもが持つ同一の文化、宗教などを尊重するためにも、祖父母や親族の元で育て

る方法を模索すべきです。しかし、それがかなわなければ、特別養子縁組によって子どもに恒久的な家庭生活を保障する。そして、その特別養子縁組ができなければ、普通養子として模索する。それが困難ならば、里親委託やファミリーホームでの生活を見つける。この順番が大事です。

　「同一の文化、宗教」に関していえば、同じ宗教を持つ家庭に子どもを委託することが求められますが、そこに配慮した委託が行われているという例を聞き及びません。これまでは問題にされませんでしたが、外国にルーツを持つ子どもは年々増加しており、今後の課題といえるかもしれません。

　「家庭における養育環境と同様の養育環境」での生活が困難な子どもたちは、次に、地域小規模児童養護施設や分園型小規模グループケアなど、家庭に近い養育環境で生活することが求められます。それがどうしても困難な場合に限って、施設入所を考えるべきでしょう。

　その理由の一つは、子どもたちは、年齢に応じて学校や幼稚園などで集団生活をしているからです。ふつうであれば、学校が終われば各々の家庭に帰ります。しかし、施設で生活をしている場合、帰ってからも集団生活が続くわけです。学校でも集団生活、家庭でも集団生活、どこでストレスを発散するのでしょうか。24時間365日にわたり集団生活を強いられる子どもの負担は相当なものでしょう。施設に帰る子どもたちには、子どもらしく甘えられる相手がいません。

　次項で事例をあげて考えてみましょう。

Ⅳ 育つ権利・遊ぶ権利

（1）甘えられない子ども

【事　例】

　U太君は、継父による虐待で、小学1年生の冬に学校で職権保護され、児童養護施設に入所しました。そこで3年あまりを過ごしましたが、家庭復帰の見込みがないと判断されて、里親委託となりました。

　小学5年生で里親家庭にやってきました。大変おとなしい性格で、利口な子どもでした。しかし里親は、自己主張しないU太君に違和感がありました。一切わがままを言わないのです。

　しかし、そんな彼も、「自転車を買ってあげようか」という里父の問いかけをきっかけにして変わっていきました。思わず「赤い自転車…」と口走ったのです。U太君は赤が好きなのだとわかった瞬間です。

　それまで、何が食べたいかと聞いても「なんでもいいです」としか答えず、どれが好きかと尋ねても、頭をひねるばかりではっきりした反応を示さない子どもでした。それからは、赤いスニーカー、赤いTシャツ、赤いジャンパーと、選ぶ物は赤ばかりになったのは言うまでもありません。

　里母は、5年生だから当然、赤い自転車に乗って遊びに行くものと思っていました。ところが、自転車が届いても眺めるばかりで乗ろうともしません。なぜなら、彼は自転車に乗れなかったのです。というより、乗ったことも、触ったこともなかったのだそうです。一生懸命練習して、やっと自転車に乗れるようになりました。すると、それまでと打って変わり、学校

から帰ると一目散に自転車に乗って遊びに行くようになりました。あのお利口な子が、ランドセルを玄関に置いたまま、おやつも食べずに出ていくのです。里母は、やっとふつうの男の子になったと大変感激しました。

　後日わかったことですが、被虐待児童であるＵ太君は、実家庭で幼少期を過ごしていますが、三輪車すら買ってもらっていません。また、彼が入所した児童養護施設では、小学生用の自転車はありませんし、帰宅後、施設の敷地内でしか遊ぶことを許されていません。当然、敷地内に施設外の子どもが入ることはできません。
　しかし、このことで誰も施設を非難することはできません。児童養護施設は、いろいろな事情を抱えて入所してくる子どもたちのための施設です。安全が確保され、安心した日々の生活を保障することが最優先されます。放課後、子どもたち一人ひとりの希望に合わせること、例えば施設外に子どもを出すことなどは、大変なリスクを背負うことになります。職員の手も目も足りない現実を考えれば、不可能です。
　では、こういった事柄を子どもの権利の上から考えるとどうなるのでしょうか。

（２）権利行使の先にあるもの

　子どもの権利条約には、「子どもの命を守る権利」がまずうたわれています。児童養護施設は、子どもの命を守るために存在しています。ですから、今まで危険に晒されてきた子どもの命を守ることが第一です。
　ところが、同時に子どもは、育つ権利・遊ぶ権利も持ってい

ます。子どもたちは、たとえ保護された児童であっても、健やかに育つ権利を有しています。したがって、できる範囲で、学ぶ権利や遊ぶ権利などが行使できる環境を整えることが大切になってくると考えられます。

　国が、保護した子どもの預け先を、乳児院や児童養護施設への入所から、里親への委託に大転換しているのは、子どもが権利の主体であるとの認識のもと改正された児童福祉法の理念にのっとり、よりよい環境で育てていくことが子どもの権利を守ることになると考えているためでしょう。

　先ほどの事例に戻ります。里母は、U太君が自転車で一目散にどこに行くのだろうと不思議に思っていました。ある日、同級生の母の話から、彼がいつも少年野球の練習をフェンス越しにじっと見ていたことがわかりました。そして、とうとう自分から「入りたい」と言い出し、クラブチームに入部しました。

　この里親夫婦は、クラブチームに入ることが親にとってどれほど大変か、あまり理解していませんでした。お茶当番、車出し、試合の応援、弁当作り…「スポーツをさせる親御さんの大変さがよくわかった」と笑って話します。

　クラブチームには低学年の頃から入部している子どもも多く、U太君はレギュラーにはなれませんでした。それでも、時々は代打などで試合に出ることができ、満足気でした。里父は、そんな彼の野球姿を見るのが好きで、会社の休みにはいそいそと出かけました。

　地域の同級生やクラブチームの保護者に助けられて、なんとか里親としての子育ても軌道にのっていたある日、児童相談所から委託を終了するつもりとの連絡が入りました。実母が、U太君の継父と離婚した後、子どもを引き取りたいと言い出した

からです。そして、U太君は念願の家庭復帰をしていきました。

　後年、大人になった彼が、当時の友人といまだにSNSでつながっていることがわかりました。「里親宅に来なければ、野球をすることはなかったし、地域の友だちができることもなかったと思う」と語っていました。

　わずかな時間ではありましたが、彼は自分の力で多くのことを学び、巣立っていきました。10年後、大人になった彼は、時折、里親宅に帰省するようになりました。その笑顔を見るたびに、忘れていたご褒美をもらうような気がすると里親夫婦は話しています。遅れてきた素敵な笑顔のプレゼントでしょう。ここに里親の醍醐味があります。

Ⅴ　子どもに自らの権利を知らせる

　一時期、里親家庭向けに、子どもの権利ノートが作られたことがあります。子どもに自らの権利を理解してもらうための冊子です。各地の里親会でも里親家庭に配付しました。今でも配付している県はありますが、残念なことに限定的です。

　児童養護施設では、入所時に子どもの権利ノートが配られていると聞きますが、あまり活用はされていなかったようです。しかし、昨今、児童養護施設等に入所する子ども間の性的暴力等が問題になってきて、この権利ノートの重要性が再び認識され始めました。

　里親家庭においては、里親自身が子どもの権利について学習できるノートのようなものを配付するべきだと考えます。

　里親家庭と同じく「家庭と同様の養育環境」であるファミリーホームには、養育者以外に養育補助者がいます。それゆえ、

絶えず他人が出入りします。しかし里親家庭は、あくまで一般の家庭であり、人の出入りが少なく、密室化しやすいものです。

　仮に、委託時に子どもに権利ノートを配付したとしても、子ども部屋の机の引き出しや本箱に紛れ込み、そのうち捨ててしまうのがあらかたのパターンです。それならば、里親のほうが子どもの権利について頻繁に学習して、その擁護に努めるよう意識改革することが、現実的であり効果的でしょう。

　皆さんは、ユニセフの子どもの権利条約のポスター《3-1》をどこかで見たことがありませんか。このポスターは、子どもの権利条約の啓発目的に、ユニセフが子どもの権利条約30周年となる2019年に製作したものです。一つひとつのアイコンが、日本語を含む13の言語で展開されています。

　里親は専門家ではありませんので、憎たらしい言葉、罵声ばかり投げかけられれば、ついつい子どもの権利など忘れてしまいがちです。せいぜい、どんなことがあっても相手の挑発に乗ってはいけないと、必死で自分に言い聞かせるだけです。そんなときに、部屋に張った子どもの権利条約のポスターが目に入るだけでも、一定の効果があるのではないかと思います。

　それと同時に、子どもたちに自らの権利を理解してもらうためには、担当の児童相談所のケースワーカーから、子どもの権利について記した手紙を書いてもらい、自ら渡してあげることが効果的でしょう。

　子どもたちは、自分のケースワーカーをとても大切に思っています。児童相談所が嫌いなどという子どもたちも多いのですが、それは、多忙な先生に構ってもらえないことへの不満の裏返しです。先生からの手紙を捨てる子どもはまずいませんし、少なくとも嬉しそうに読みます。簡単でもよいので、子どもの権利について年齢に応じた手紙やカードを作成すれば、宝物に

《3-1》　子どもの権利条約ポスター

日本語訳：（公財）日本ユニセフ協会

第２版（2022）

していつも読むでしょう。権利ノートを配付するよりは、効果的だと考えます。

　安定的な家庭生活を送るために、家庭にはそれぞれのルールがあります。例えば、委託児童1人だけを養育している場合と、実子がいる上で子どもを預かっている場合、ファミリーホームなど複数の子どもが生活している場合など、それぞれルールに違いがあって当然です。

　人数が増えれば増えるほど、子どもの権利が絡みあう場合もあるでしょう。時には、子どもが権利を主張するあまり、里親家庭の生活が不安定になることも考えられます。

　しかし、里親は、子どもの最善の福祉を考えながら、穏やかで落ち着いた、誰もが安心できる生活を提供できるよう努めなければなりません。

Ⅵ　実子とのかかわり

　ここで忘れてはならないことに、実子のことがあります。

　里親委託では、里親と、委託される子どものことが中心になり、どうしても実子のことは後回しになります。里親は、委託された子ども（ここでは里子と呼びます）に目が行き、実子のことがおろそかになるからです。

　里親は、当然ながら、実子と同じように里子を育てようと心をくだきます。複雑な環境で育ってきた里子と比べると、ほとんどの場合、何事も実子のほうが上手にできます。その結果、どうしても実子のほうがおざなりになってしまいます。

　実子は、自分の親が里親をしていることを誇りに思っている

場合が大変多いです。ですから、里子から迷惑をかけられていても、ぐっと我慢してしまいます。親の知らないところで我慢を重ねてしまうのです。そして、親はそのことに気がつかないことも多いように思います。

　実子のいる里親も、大変多くなってきました。社会的意義を感じて里親登録した方には、実子がいる場合が大変多いのです。分け隔てなく育てるといっても、最も大切にしなければならないのは実子であることに違いありません。自分の家族を守らなければ、里子を育てることはかないません。

　里親養育を担うのは、里親たちです。しかし、実子もまた里親家庭を支えています。実子の意見に耳を傾けながら、実子を中心とした子育てをすることが、実子のいる里親家庭の在り方です。実子が大人になったときに、里親をする親を誇りに思い、自らも里親をしてもいいかなと思えるような里親家庭を築くことが、実子のいる里親の目標です。

　実子は、里親家庭の潤滑油となって、里親と里子をつなぎます。親が里親をすることで、世の中の縮図を知り、人間的に大きく成長します。

　里親になりたいことを実子に話し、親を助けてくれないかと話したとき、実子の親に対する気持ちに余裕が生まれ、里子のきょうだいとしての役目を自ら負ってくれたと多くの里親が話します。

　実子がいても、里親はできます。ただし、十分に家族で会話を重ね登録することを願います。実子がいる上で、里親になろうと自ら手を挙げることは、大変な勇気が必要です。その勇気やあなたの行動は、実子に引き継がれていきます。多くの養育里親の誕生を、里親仲間が待っています。

★コラム★　第二の故郷

　長い間里親をしていると、その後の里子との関係を尋ねられることも多くなります。何年もわが家で生活をしてきた子どももいれば、1年も満たないうちに出ていった子どももいます。

　中学3年の夏に預かり、卒業後、実母の元に帰った女児がいます。実母は水商売をしていて、暴力団関係者との付き合いもあり、何度か拘禁されていました。

　幼児期に深夜1人でウロウロしているところを、近所の方の通報で保護され、児童養護施設に預けられました。3歳から14歳まで過ごした施設でしたが、喫煙、暴言、反抗的態度で施設不適応と判断され、措置変更でわが家へやってきました。

　学校には手ぶらで行く、深夜のファミレスやカラオケ店での補導、体育館の裏での喫煙など、筆者は何度も頭を下げ続けましたが、なぜか憎めない子どもでした。馬が合ったからでしょうか、彼女の真っすぐな気性が大好きでした。

　実母と暮らすことが彼女の最大の願いでしたので、高校に行ったほうがよいのではという児相の説得を振り切り、家庭復帰しました。しかし、帰宅後は何度も実母と衝突を繰り返し、そのたびにSOSが出され、筆者は実母と彼女の間で調整に明け暮れました。その後、彼女は18歳で出産し、実母と同じシングルマザーの道を歩いていますが、困ったことがあると必ず連絡をくれます。

　わずか8か月の委託でしたが、「養子にしてよ」と何度も迫られ、「親のある子はできません」と押し問答した日々は、懐かしい思い出です。「里親さんのいる町は、第二の故郷だ」という彼女の言葉は里親冥利に尽きます。

第4章

里親をするために知っておきたいこと

第1節　近年の里親養育の実際

Ⅰ　里親と委託される子どもの数の推移

（1）委託の変化

　ここ数年、大変嬉しいことに、里親になろうかという人々が増えてきました。国の統計調査の「福祉行政報告例」をまとめ、里親数や、里親家庭に委託される子どもの近年の推移を表《4-1》にしました。

　登録した里親家庭の総数は、平成28年の児童福祉法改正を契機に増加の幅が大きくなりました。また、実際に里親が受託した子どもの数も確実に多くなっています。

　特に増加が著しいのは養子縁組里親で、平成24年と令和元年を比較しても、7年間で倍増しています。

　養子縁組里親は、平成29年4月に法定化されました。それまでは任意だった研修も義務化され、登録が必要になり、養子縁組を希望するものとして認定されるだけの里親から、登録養子縁組里親に変わりました。

　普通養子を希望する場合は単身者であっても登録できますが、特別養子を希望する場合は夫婦ともに研修を受ける必要があります。したがって、養子縁組里親登録者の数と、その世帯数には開きがあると思われます。

　里親は、親族里親を除き、重複して登録していることも多いので、例えば平成30年度の各里親の合計は1万5,664人ですが、

《4-1》里親養育　近年の推移

	24年度	25年度	26年度	27年度	28年度	29年度	30年度	元年度	2年度	3年度
里親家庭総数（世帯数）	9,392	9,441	9,949	10,679	11,405	11,730	12,315	13,485	14,401	15,607
登録養育里親の数	7,505	7,489	7,893	8,445	9,073	9,592	10,136	11,047	11,853	12,934
登録専門里親の数	632	652	676	684	689	702	702	716	715	728
認定親族里親の数	471	477	485	505	526	560	588	618	610	631
認定（登録）養子縁組里親の数	2,445	2,706	3,072	3,450	3,798	3,781	4,238	5,053	5,619	6,291
委託里親家庭総数（世帯数）	3,487	3,560	3,644	3,817	4,038	4,245	4,379	4,609	4,759	4,844
委託養育里親の数	2,763	2,840	2,905	3,043	3,180	3,326	3,441	3,627	3,774	3,888
委託専門里親の数	162	157	174	176	167	196	193	188	171	168
委託親族里親の数	465	460	471	495	513	543	558	576	565	569
委託養子縁組里親の数	218	223	222	233	309	299	317	351	353	314
里親委託の子どもの総数	4,578	4,636	4,731	4,973	5,190	5,424	5,556	5,832	6,019	6,080
養育里親委託の子ども	3,498	3,526	3,599	3,824	3,943	4,134	4,235	4,456	4,621	4,709
専門里親委託の子ども	197	209	206	215	202	221	223	215	206	204
親族里親委託の子ども	670	674	702	712	744	770	777	817	808	819
縁組里親委託の子ども	213	227	224	222	301	299	321	344	384	348
小規模住居型児童養育事業（FH数）	184	223	257	287	313	347	372	417	427	446
FH委託の子どもの総数	829	993	1,172	1,261	1,356	1,434	1,548	1,660	1,688	1,718
里親とFHの子ども合計	5,407	5,629	5,903	6,234	6,546	6,858	7,104	7,492	7,707	7,798

※ FH＝ファミリーホーム

　実際の家庭（世帯）数は、1万2,315家庭で、3,348人が重複して登録していることがわかります。

　何を意味するかというと、1つ目は、夫婦がそれぞれに研修を受けて、里親登録をしている場合があるということです。もちろん単身で登録している方もいますので、登録家庭の数と、登録の人数には違いがあって当然です。

　2つ目に、養子縁組が希望だけれど、今の時代は少子化で養子にできる子どもが委託される確率が低いので、養育里親として同時に登録したという方が多くいるということが考えられま

す。

　また、専門里親の場合は、例外を除きほとんどの人が養育里親を兼ねています。

　かつては、里親数とは里親の世帯数を指しました。というのも、里親への研修が義務化されていなかった頃は、里親の登録は世帯主の名前で行われ、そもそも夫婦でなければ里親には登録できませんでした。ところが、更新研修も含めて、研修が義務化されましたので、夫か妻のどちらかだけしか研修を受けることができないということも起こります。その場合は、研修を受けたほうは里親として、受けなかったもう一方は、同居の配偶者と記載されるのが一般的になりました。

（2）共働き世帯の増加

　近頃、夫婦のどちらか一方だけが里親の家庭が増えてきました。研修の都合がつかず、どちらかだけが研修を受ける例が多いからです。里母だけとは限りません。里父が更新して、里母は研修を受けない例もあります。

　また、共働き世帯は、明らかに増加しています。幼少の子どもを預かっている家庭でも、仕事を持つ女性が大変多くなっています。その大きな理由は、里親でも保育所を利用できるようになったためと思われます。学齢に達している子どもを預かっている里母の過半数は、何らかの就労をしていますし、里父が在宅で仕事をし、里母が外勤している里親家庭もあります。

　里親が保育所を利用できなかった20年前ですら、夫婦以外に里祖母が同居していたので、フルタイムで就労しながら、０歳児を受託していた友人の里母がいました。その頃から保育所の利用を里親会で陳情してきた経緯もあります。

　今では、里親に委託されている子どもを保育所に通わせることに、児童相談所が積極的にかかわります。子どもが以前から居住する地域の里親に委託できれば、子どもの福祉にとって最善の利益です。あらゆる地域の要保護児童に対応できるよう、多くの人が里親に登録することが望まれます。

　なお、専業を求められるのは、専門里親です。専門里親は仕事をほかに持っているとできません。養育里親として経験を積んだ後に、専門里親になって困難な子どもの里親になりたいという人もいます。

（3）養子縁組里親とファミリーホームの増加

　養子縁組里親の増加は著しいものがあります。司法統計によると、年間の特別養子成立件数は500件ほどありますので、民間の養子縁組あっせん団体を経由した特別養子成立もかなりの数を占めていることがわかります。養子縁組里親が法定化されたこともあり、今後の養子縁組里親への子どもの委託件数の増加が期待されます。

　同じく順調に増加しているのは、小規模住居型児童養育事業者の数です。ファミリーホームと呼ばれる自宅で5〜6人の子どもを養育する事業者ですが、平成24年度の184ホームから、令和3年度は446ホームと2.4倍に増えています。

（4）委託される子どもの数の推移

　次に、委託される子どもの数の推移《4-2》を見てみましょう。

　ファミリーホームに委託される子どもの数は、ホーム数の増

《4-2》委託児童数の推移

	24年度	25年度	26年度	27年度	28年度	29年度	30年度	元年度	2年度	3年度
里親委託の子どもの総数	4,578	4,636	4,731	4,973	5,190	5,424	5,556	5,832	6,019	6,080
FH委託の子どもの総数	829	993	1,172	1,261	1,356	1,434	1,548	1,660	1,688	1,718
合計	5,407	5,629	5,903	6,234	6,546	6,858	7,104	7,492	7,707	7,798

加に伴い、829人から1,718人と2倍に増加しています。令和3年度は、1ホームあたり平均3.92人の子どもがファミリーホームで生活しています。一方、同じ9年間で、里親家庭は6,215世帯増えているにもかかわらず、委託されている子どもは1,500人ほどしか増加していません。この要因としては、里親委託には、マッチングから委託後のきめ細やかな支援が必要で、これには児相の手間が大変かかること、特別なケアを要する子どもを養育できる里親の数が不足していること、里親委託に関して実親の承諾がなかなか得られないこと等があげられます。里親家庭の活用がもっと進めば、確実に委託数は増加するでしょう。里親家庭では平均1.26人の子どもが生活しています。登録数とともに、委託率を伸ばしていくことが求められます。

Ⅱ　養育する基準

（1）里親が行う養育に関する最低基準

　里親は、基本は0歳から18歳以下の子どもを養育します。しかし、特別の事情がある場合は、20歳に達するまで委託が延長される場合があります。以前はよほどの事情でない限り延長は

難しかったのですが、今は、大学等への進学を理由とした延長が認められています。

　そして、里親が行う養育については、厚生労働省令で20条の最低限の養育基準が定められています。「里親が行う養育に関する最低基準」といいます（P.136参照）。

　この中には、「里親に委託される子どもの数は4人まで（自分の子どもを含めて6人まで）」という規定があります。もし自分の子どもが3人いる場合、最大3人まで預かることができると考えがちですが、実際には1人ないし2人と考えるほうが現実的です。

　平成30年時点で、里親の76％（3,208家庭）が、委託児童は1人です。2人委託されている里親は19％（789家庭）、3人委託されている里親が4％（166家庭）で、4人委託になるとわずか1％（42家庭）でした。また、不詳が5家庭ありました。よほどのベテラン里親であるか、きょうだい児童の委託でない限り、3人ましてや4人の子どもが一度に委託されることはありません。子どもは自分だけを見てくれる養育者を求めます。まずはしっかりと子どもの要求を受け入れ、十分に愛情を注ぐことが、必要不可欠だからです。

　里親は、子どもの自主性を尊重しながら、日々の生活の中で基本的な生活習慣を身につけさせ、豊かな人間性と社会性を養い、子どもの自立を支援しなければなりません。

（2）生活習慣を身につけさせる

　筆者が所属する全国里親会でも、里親信条（P.28）をよりどころとして、受託した子どもたち一人ひとりの成長に心をくだいています。少しでもふつうの暮らしができるように、基本的

生活習慣を身につけさせたいとの思いから、生活の隅々に配慮した養育を心がけています。実際の問題として、この基本的生活習慣に関しては、里親家庭にやって来る子どもたちの大半が身についていません。朝起きて、顔を洗うことも、歯を磨くこともできない子どもがいるのです。

　筆者が預かってきた60人あまりの子どもたちの中で、朝ごはんを食べる習慣があった子どもは、わずか3人でした。児童養護施設からの措置変更でわが家にやってきた子どもでさえ、その習慣が身についていません。

　また、これは里親家庭に限った話ではありませんが、偏食の子どもも多くなりました。バランスよく食べ進めるのではなく、ひと皿ごとに好きなものを食べていき、嫌いなものには箸をつけません。里親たちは、極力、子どもたちの大好きなおかずと好まないおかずを組みあわせるなど工夫していますが、残念ながら、家庭料理よりジャンクフードのほうが好まれるようです。

　里親家庭では、親と一緒に食事をすることは当たり前です。しかし、大舎制の児童養護施設では、子どもたちは食堂で食事をします。また、指導員である先生方と一緒に食事をとることは、少ないようです。もちろん食事の様子を監督する先生はいるようですが、大人数なので、いちいち食べ方などをチェックすることは不可能でしょうし、何を残しているかなどといった細かいことに気を配る時間はありません。特に朝食の時間は、夕食と違って皆が一斉に食事することはありません。夜勤明けの職員だけでは現実的に目を配ることは困難と思われます。

　児童養護施設から措置変更でやってきた子どもたちは、先生の目を盗んで、ごみ箱に嫌いなおかずを捨てていたといいます。一般家庭の当たり前が、児童養護施設ではなかなかできないの

が現実でしょう。

　また、入浴にしてもしかりです。家庭では、子どもが小さい
うちは、親子で一緒に入浴をすることがほとんどでしょう。し
かし乳児院では、保育士が半袖短パン姿で子どもたちを洗いま
す。また、入浴の時間も午後3〜4時頃が多く、施設用の大浴
場を使用します。夜、暗くなってから入浴することはありま
せん。

　里親家庭にやってきて、お風呂で大泣きという話はよく聞き
ます。里親は慌てますが、初めて裸の大人、特にお父さんの裸
を見てびっくりし、さらに夜の狭い浴室が怖くなって泣くので
す。2歳の子どもを預かったとき、お風呂で母乳を求められた
のも里親ならではの思い出です。

　児童養護施設では、指導員が一緒に入浴することは、まずあ
りません。幼い時期ならば指導員が子どもの身体を洗うでしょ
うが、大きい子どもの場合は当然一人ですので、正しく洗髪で
きているのかなどは疑問です。

　基本的生活習慣というのは、積み重ねが大事です。根気よく、
日々の暮らしの中で当たり前のことを当たり前にできるように
努力することで、身につけさせることができます。

（3）最低基準を超えた養育を

　さて、里親として子どもたちに向かいあうためには、研修を
積むことが大事になってきます。毎日の暮らしの中では、さま
ざまな出来事が起こります。どの里親家庭も、その一つひとつ
に的確に対処しながら、子どもたちと楽しく生活していくため
に心をくだいています。

　里親には、虐待の禁止や、懲戒権の乱用の禁止、子どもの教

育権の確保、健康管理、衛生管理、給付金の管理など、さまざまな取り決めがあります。しかし、そのどれも決して難しいものではありません。ごくふつうの暮らしをして、子どもを学校に行かせ、病気をしないように心を配り、しっかりご飯を食べさせ、もし病気や事故の場合は速やかに病院に連れて行き、児童相談所や学校と連携をとるといった、当たり前のことだけです。

　一方で、最低基準を守ればよいというわけではありません。最低基準を超えて、養育の向上に努めることが求められます。そのため里親は、里親サロンなどに集い、日頃の養育について互いに話をし、児童相談所や里親会などで行う研修を受けることによって養育技術を磨き、情報交換を行っています。

　また、最低基準以外にも、「里親制度運営要綱」が定められています。この要綱でも、子どもの発達のために、温かい愛情と正しい理解を持った家庭での生活によって、愛着関係の形成など子どもの健全育成を図ることを促しています。

【 関 連 条 文 】

●里親が行う養育に関する最低基準

（平成14年厚生労働省令第116号）最終改正：令和2年3月27日厚生労働省令第49号

　児童福祉法（昭和22年法律第164号）第45条第1項の規定に基づき、里親が行う養育に関する最低基準を次のように定める。

（この省令の趣旨）

第1条　児童福祉法（以下「法」という。）第27条第1項第3号の
　　規定により里親に委託された児童（以下「委託児童」という。）

について里親が行う養育に関する最低基準（以下「最低基準」
という。）は、この省令の定めるところによる。

（最低基準の向上）
第２条　都道府県知事は、その管理に属する法第８条第２項に規
　　定する都道府県児童福祉審議会（社会福祉法（昭和26年法律第
　　45号）第12条第１項の規定により同法第７条第１項に規定する
　　地方社会福祉審議会（以下この項において「地方社会福祉審議
　　会」という。）に児童福祉に関する事項を調査審議させる都道府
　　県にあっては、地方社会福祉審議会）の意見を聴いて、その監
　　督に属する里親に対し、最低基準を超えて当該里親が行う養育
　　の内容を向上させるよう、指導又は助言をすることができる。
２　地方自治法（昭和22年法律第67号）第252条の19第１項の指
　　定都市（以下「指定都市」という。）にあっては、前項中「都道
　　府県知事」とあるのは「指定都市の市長」と、「都道府県」とあ
　　るのは「指定都市」と読み替えるものとする。
３　法第59条の４第１項の児童相談所設置市（以下「児童相談所
　　設置市」という。）にあっては、第１項中「都道府県知事」とあ
　　るのは「児童相談所設置市の市長」と、「法第８条第２項に規定
　　する都道府県児童福祉審議会（社会福祉法（昭和26年法律第45
　　号）第12条第１項の規定により同法第７条第１項に規定する地
　　方社会福祉審議会（以下この項において「地方社会福祉審議会」
　　という。）に児童福祉に関する事務を調査審議させる都道府県に
　　あっては、地方社会福祉審議会）」とあるのは「法第８条第３項
　　に規定する児童福祉に関する審議会その他の合議制の機関」と
　　読み替えるものとする。
４　厚生労働大臣は、最低基準を常に向上させるように努めるも
　　のとする。

（最低基準と里親）

第3条　里親は、最低基準を超えて、常に、その行う養育の内容を向上させるように努めなければならない。

（養育の一般原則）

第4条　里親が行う養育は、委託児童の自主性を尊重し、基本的な生活習慣を確立するとともに、豊かな人間性及び社会性を養い、委託児童の自立を支援することを目的として行われなければならない。

2　里親は、前項の養育を効果的に行うため、都道府県（指定都市及び児童相談所設置市を含む。）が行う研修を受け、その資質の向上を図るように努めなければならない。

（児童を平等に養育する原則）

第5条　里親は、委託児童に対し、自らの子若しくは他の児童と比して、又は委託児童の国籍、信条若しくは社会的身分によって、差別的な養育をしてはならない。

（虐待等の禁止）

第6条　里親は、委託児童に対し、法第33条の10各号に掲げる行為その他当該委託児童の心身に有害な影響を与える行為をしてはならない。

（懲戒に係る権限の濫用禁止）

第6条の2　里親は、委託児童又は法第31条第2項の規定により引き続き委託を継続されている者（以下この条において「委託児童等」という。）に対し法第47条第3項の規定により懲戒に関しその委託児童等の福祉のために必要な措置を採るときは、身

体的苦痛を与え、人格を辱める等その権限を濫用してはならない。

（教育）

第7条　里親は、委託児童に対し、学校教育法（昭和22年法律第26号）の規定に基づく義務教育のほか、必要な教育を受けさせるよう努めなければならない。

（健康管理等）

第8条　里親は、常に委託児童の健康の状況に注意し、必要に応じて健康保持のための適切な措置を採らなければならない。

2　委託児童への食事の提供は、当該委託児童について、その栄養の改善及び健康の増進を図るとともに、その日常生活における食事についての正しい理解と望ましい習慣を養うことを目的として行わなければならない。

（衛生管理）

第9条　里親は、委託児童の使用する食器その他の設備又は飲用する水について、衛生的な管理に努め、又は衛生上必要な措置を講じなければならない。

（給付金として支払を受けた金銭の管理）

第9条の2　里親は、委託児童に係る厚生労働大臣が定める給付金（以下この条において「給付金」という。）の支給を受けたときは、給付金として支払を受けた金銭を次に掲げるところにより管理しなければならない。

一　当該委託児童に係る当該金銭及びこれに準ずるもの（これらの運用により生じた収益を含む。以下この条において「委

託児童に係る金銭」という。）をその他の財産と区分すること。

　二　委託児童に係る金銭を給付金の支給の趣旨に従って用いること。

　三　委託児童に係る金銭の収支の状況を明らかにする記録を整備すること。

　四　当該委託児童の委託が解除された場合には、速やかに、委託児童に係る金銭を当該委託児童に取得させること。

（自立支援計画の遵守）
第10条　里親は、児童相談所長があらかじめ作成する自立支援計画（法第11条第1項第2号ト（5）に規定する計画をいう。）に従って、当該委託児童を養育しなければならない。

（秘密保持）
第11条　里親は、正当な理由なく、その業務上知り得た委託児童又はその家族の秘密を漏らしてはならない。

（記録の整備）
第12条　里親は、委託児童の養育の状況に関する記録を整備しておかなければならない。

（苦情等への対応）
第13条　里親は、その行った養育に関する委託児童からの苦情その他の意思表示に対し、迅速かつ適切に対応しなければならない。

2　里親は、その行った養育に関し、都道府県知事（指定都市にあっては市長とし、児童相談所設置市にあっては児童相談所設置市の市長とする。以下同じ。）から指導又は助言を受けたとき

は、当該指導又は助言に従って必要な改善を行わなければならない。

（都道府県知事への報告）

第14条　里親は、都道府県知事からの求めに応じ、次に掲げる事項に関し、定期的に報告を行わなければならない。

　一　委託児童の心身の状況

　二　委託児童に対する養育の状況

　三　その他都道府県知事が必要と認める事項

2　里親は、委託児童について事故が発生したときは、遅滞なく、これを都道府県知事に届け出なければならない。

3　里親は、病気その他やむを得ない事由により当該委託児童の養育を継続することが困難となつたときは、遅滞なく、理由を付してその旨を都道府県知事に届け出なければならない。

（関係機関との連携）

第15条　里親は、委託児童の養育に関し、児童相談所、法第11条第4項の規定により同条第1項第2号ヘに掲げる業務に係る事務の委託を受けた者、当該委託児童の就学する学校その他の関係機関と密接に連携しなければならない。

（養育する委託児童の年齢）

第16条　里親が養育する委託児童は、18歳未満（法第31条第4項に定める延長者にあっては20歳未満）の者とする。

2　前項の規定にかかわらず、都道府県知事が委託児童、その保護者及び児童相談所長からの意見を勘案して必要と認めるときは、法第31条第2項の規定に基づき当該委託児童が満20歳に達する日までの間、養育を継続することができる。

（養育する委託児童の人数の限度）

第17条　里親が同時に養育する委託児童及び当該委託児童以外の
　　　児童の人数の合計は、6人（委託児童については4人）を超え
　　　ることができない。

2　専門里親（児童福祉法施行規則（昭和23年厚生省令第11号）
　　　第1条の36に規定する専門里親をいう。以下同じ。）が同時に養
　　　育する委託児童の人数は、同条各号に掲げる者については、2
　　　人を超えることができない。

（委託児童を養育する期間の限度）

第18条　専門里親による委託児童（児童福祉法施行規則第1条の
　　　36各号に掲げる者に限る。）の養育は、当該養育を開始した日か
　　　ら起算して2年を超えることができない。ただし、都道府県知
　　　事が当該委託児童、その保護者及び児童相談所長からの意見を
　　　勘案して必要と認めるときは、当該期間を更新することができ
　　　る。

（再委託の制限）

第19条　里親は、次に掲げる場合を除き、委託児童を他の者に委
　　　託してはならない。

　　一　都道府県知事が、里親からの申請に基づき、児童相談所長
　　　と協議して、当該里親の心身の状況等にかんがみ、当該里親
　　　が養育する委託児童を一時的に他の者に委託することが適当
　　　であると認めるとき。

　　二　前号に掲げる場合のほか、特にやむを得ない事情があると
　　　都道府県知事が認めるとき。

（家庭環境の調整への協力）

第20条　専門里親は、児童相談所長が児童家庭支援センター、法第11条第4項の規定により同条第1項第2号へに掲げる業務に係る事務の委託を受けた者、児童委員、福祉事務所等の関係機関と連携して行う委託児童の家庭環境の調整に協力しなければならない。

Ⅲ　社会的養育と社会的養護

（1）家庭養育とは

　子どもの養育を説明する上で、混同しやすい言葉が出てきますので説明します。

　子どもは、基本的には、どんな子どもであっても、実親の元（実親家庭）で養育されます。これはごく当たり前のことですが、これを「家庭養育」といいます。

　国や地方公共団体は、第一に子どもが家庭において健やかに養育されるよう、保護者を支援しなければならないとされています。

　ところが、現実には、実親の虐待・病気・死亡・経済的理由などで、児童相談所に保護され、施設入所や里親委託などがされている「要保護児童」が、約4万2,000人ほど存在します。

　平成28年の改正児童福祉法では、子どもは従来の「保護される存在」から、「権利を有する主体である」と明確化され、子どもの養育は「家庭養育優先原則」が示されました。

（2）「家庭養護」と「家庭的養護」

　実親の元で生活できない子どもは、「家庭における養育環境と同様の養育環境」において継続的に養育されなければなりません。具体的には、特別養子縁組・普通養子縁組・里親・ファミリーホームでの養育を指します。これを「家庭養護」と呼びます。

　しかし、家庭では困難な専門的なケアを要する子どもや、年長の子どもで里親家庭やファミリーホームに拒否感が強い場合は、子どもへの個別の対応ができる、小規模で、地域に分散された環境である「できる限り良好な家庭的環境」において養育することが望まれます。具体的には、地域小規模児童養護施設（グループホーム）・小規模グループケア（分園型）を指します。これを「家庭的養護」と区別して呼びます。

　家庭養護と家庭的養護は、子どもが生活する家に親（養育者）という人が住んでいて、勤め等に行き帰ってくるのか、それとも子どもが生活する家に職員として働きにやってきて、自分（職員）の家に帰っていくのかという大きな違いがあります。

　なお、これまでのように大舎制施設に入所する「施設養護」は選択肢に入れず、高度な専門的な対応が必要な場合に限定されることになりました。

　つまり子どもが生活する場所として、①家庭、②家庭における養育環境と同様の養育環境、③できる限り良好な家庭的環境、と明確な優先順位が示されました。

（3）「社会的養育」と「社会的養護」

　「社会的養育」とは、家庭養育している実親に対する支援を

第一に、社会全体で子どもを養育しようということです。その中で、実親に代わって要保護児童を養育する代替養育のことを「社会的養護」と呼んでいます。社会的養育においては、里親でも施設等でも、実親に子どもを返すことが究極の目標です。どうしても実親の元に帰ることが不可能な子どもには、永続的な解決（パーマネンシー保障）をすべきで、特別養子縁組を推進するとされました。

　なお、子どもの安全確保とアセスメントを行う一時保護も代替養育であり、家庭と同様の養育環境で保護されるように一時保護所の改革が行われています。

Ⅳ 里親及びファミリーホーム養育指針

　社会的養育の一環を担う社会的養護において、代替養育を行う里親に求められる養育水準は、「里親及びファミリーホーム養育指針」[2]に定められています。子どもたちへの適切な支援を実現していくことを目的として、里親養育の内容と運営に関する指針を定めたものです。

　指針では、大切なのは、子どもが、その人格を尊重されながら、子ども時代をよりよく生きることだとしています。子ども時代を精神的、情緒的に安定した状態で過ごし、豊かな生活体験をすることは、発達の基礎となると同時にその後の人生を色鮮やかなものにしていきます。

　家庭や地域における養育機能は、年々低下しています。そのため、里親が行う社会的養護における養育は、養育のモデルを

2　https://www.mhlw.go.jp/bunya/kodomo/pdf/tuuchi-56.pdf

示せるような水準が求められているのです。

　国は、社会的養護の基本理念を、次のように定めています。

---

① 子どもの最善の利益のために

② 全ての子どもを社会全体で育む

　里親は、この２つの基本的理念に立ち、子どもの健やかな育ちに向けて必要な支援を行います。

　そして、社会的養護の原理として、以下の６つの項目をあげています。上記の基本理念のもと、次のような考え方で支援を行うとしています。

---

① 家庭養護・家庭的養護と個別化

② 発達保障と自立支援

③ 回復をめざした支援

④ 家族との連携・協働

⑤ 継続した支援と連携アプローチ

⑥ ライフサイクルを見通した支援

　これらは、子どもとの実際の生活において意識しなければいけないものです。どのようなことを指すのか、第６章において実例に絡めながら解説します。

Ⅴ　養育の鍵「愛着」の形成

（1）愛着障害とは

　筆者が「愛着」（アタッチメント）という言葉に出会ったのは、平成16年頃です。里親の研修会でのヘネシー澄子社会福祉

学博士の講演の中でした。「愛着障害」「愛着の結び直し」という言葉に、どんな年齢になっても養育の土台は、愛着を結ぶことだということを学びました。その後、この言葉は、里親養育の中で呪文のように語られるようになりました。

　京都医療少年院で診療にあたっていた岡田尊司医学博士によると、愛着障害は2つのタイプに分かれるといいます。①誰にも心を開こうとせず、自分の世界にこもってしまう抑制型の反応性愛着障害（反応性アタッチメント障害）と、②見境なくなつこうとする脱抑制型の反応性愛着障害の2つです。安定した養育者に出会うと、①抑制型は回復しやすく、②脱抑制型は長引きやすいといいます。

（2）里親と子どもの障害

　里親の元には、反応性愛着障害を持った子どもが多く委託されているといわれています。乳児院にマッチング（委託予定の子どもの面接等）に行くとよくわかるのですが、たくさんの子どもが里親の膝をめがけてやってきます。愛着障害があるのかどうか、あるいはどちらの型なのかなどは、一般の里親にはまったく判断がつきません。ただ、愛着に問題がある子どもが多いとだけは、多くの里親が実感しています。このことについて、不安を感じる里親が多いのも事実です。

　例えば、実際の里親家庭での養育において、「お宅のお子さんは落ち着きがなく、うろうろしたり、机でじっとして学習することができていません」などと学校の先生に言われたりしようものなら、何が原因なのか、もしかしたら愛着障害を抱えているためなのか、発達障害があるのかなど、里親はあらゆる可能性を考えて頭を抱えてしまいます。

　原因を児童相談所に尋ねても、「愛情を持って接してください、愛情を受けずに育っていますから」という経験の乏しいケースワーカーの返事に、里親はまた困惑してしまいます。そういった状況の中で、この子はADHD（注意欠陥多動性障害）ではないか、LD（学習障害）ではないかと不安を覚える里親も多々います。

　しかし、里親が子どもの状態を専門家に判断してほしいと思っても、小児科で診てもらうことはできますが、精神科や心療内科に連れて行くには、基本的には児童相談所の許可がいります。子どもを勝手に連れて行き、受診させることはできません。

　里親が預かる子どもには、必ず担当の心理士の職員がついています。ケースワーカーでは不安なときは、日頃の様子を克明に記録して、その心理士に状況を伝えることが必要になってきます。その上で、児童相談所のほうから専門の児童精神科医に連れて行く、あるいは児童相談所の職員と一緒に診察や相談に行くことになります。

　実際の生活において、発達に遅れがあると診断された場合には、専門の病院にかかることもありますし、児童相談所での定期的なカウンセリングに連れて行くこともあります。

　しかし、里親ができる最も効果的な働きかけといえば、普段の生活において、毎日ひたすら子どもの良いところをほめて、自信を持たせることだと思います。丁寧に顔を洗ったこと、上手に歯を磨いたことからほめればよいのです。たくさん朝ご飯を食べさせ、幼稚園や学校に送り出す。かわいいと何度も伝える。素晴らしいとほめる。多くの肯定的な言葉で、子どもたちを育てることが大事です。

（3）愛着の絆を結ぶ

　また、施設育ちの子どもは、おねしょをしがちです。そんなときも、叱らずに淡々と後始末をしましょう。決して否定的な言葉をかけてはなりません。失敗しなかったときだけほめればよいのですから。

　また、好き嫌いが多いのも特徴ですが、こちらも無理に食べさせることは避けましょう。おいしいよという言葉かけをして食べて見せて、もし子どもが食べたなら、とても喜んであげてください。

　人間関係が確立しないうちに子どもを叱っても、子どもが心を閉ざすだけです。里親側も、自信がないことは断じて避けるべきです。子どもとの信頼関係が確立されなければ、取り返しのつかないことになります。

　子どもがやってきた日が、里親家庭に生まれた日です。そう考えると、叱ることができるのは、せめて1年以上はたたなければならないと理解できるのではないでしょうか。里親には忍耐が要求されます。子どもは、全く文化の違うところからやってきたのです。あなたの家のカラーに、少しずつ染まっていきます。好ましい基本的生活習慣が身につき、愛情あふれる子どもに育つように、日々、自立へのお手伝いをしていきましょう。そうして少しずつ、子どもとの間に愛着の絆を結んでいきます。

第2節　里親が受け取る「お金」

Ⅰ　措置費とは

　児童相談所から預かった子どもたちを育てるために、児童福祉法に基づいて都道府県や指定都市から手当等の支給があります。「措置費」と呼ばれるものです。子どもたちが十二分に生活していくことができるように、公金の中から支払われます。多くの方に里親になってもらうために、国は措置費を増額してきました。

　措置費の支給方法は、都道府県によって、居住地の市町村で代理請求が行われる自治体と、里親自ら請求する自治体とがあり、方法はまちまちです。児童相談所に確認の上、手続きを進めることになります。

　本節では、令和4年度（令和5年2月6日通知）の国の基準額を中心に記載します。また、自治体によっては独自の加算等がある場合がありますので、一般的な額の目安としてください。なお、里親関連の措置費は、国と地方自治体が2分の1ずつ負担することになっています。

　養育里親・専門里親に支給されるものは、主として、一般生活費と里親手当です。そのほかにも、学校教育費等の現金で給付されるものと、医療費等の現物給付のものとがあります。

　里親手当に関しては、養子縁組里親・親族里親には支給され

ません。そのほかの措置費については、子どもの必要に応じて、限度額がありますが支給されます。なお、養子縁組成立後は、実子との扱いになるため、一切支給されることはありません。

　里親手当は、厳密には、里親に対する労働報酬ではないとされています。委託する児童相談所が、法に規定する里親委託の措置をとった場合に、里親委託に要する費用および里親委託後の子どもの養育について最低基準を維持するために要する費用として、里親に支給されるという扱いです。

　その年度の一般生活費や里親手当などの措置費等の保護単価、その他の基準については、国が設定します。そして、県などから里親に対して、これらの費用が支給されます。

　また、国税庁からの通知で、措置費は課税の対象とされています。このことから、確定申告の対象になります。

Ⅱ　措置費の種類

（1）生活するためのお金

① 里親手当

　養育里親の場合、子ども1人あたり毎月9万円の里親手当が支給されます。2人目以降も同額支給されます。

　専門里親の場合、子ども1人あたり毎月14万1,000円の里親手当が支給されます。2人目も同額支給されます。

　里親委託に要する費用および里親委託後の子どもの養育について、最低基準を維持するための費用です。年々増額されています。

　なお、養子縁組里親と親族里親には、養育里親手当に該

当する手当はありません。

② 里親受託支度金

　委託または入所の決定に向けた手続き（マッチングや見学等を含む）を開始した日から、委託または入所の日から1か月までの期間における物品の購入費用を、4万4,630円を上限として実費支給されます。どの自治体でも、措置委託決定通知書と領収証等の添付が必要となります。寝具や被服の用意等に使われます。

③ 一般生活費

　一般生活費として、里親には月額5万2,620円（乳児の場合は6万670円）が支給されています。月の途中で措置された場合や、解除されたときは、日割りで計算します。金額は毎年改定されますので、来年度も少し上がるかもしれません。

　里親手当と異なり、養子縁組里親と親族里親にも支給されます。

④ 冷暖房費

　お住まいの県市等によって月額870〜3,640円と金額に違いがありますが、冷暖房費が支給されます。里親家族やファミリーホーム、児童養護施設など、種別によって金額が違いますが、子ども1人に対する額です。

⑤ 期末一時扶助費

　年に1回、12月1日時点の在籍児に対して、期末一時扶助費5,520円が支給されます。

⑥ 幼稚園費

　子どもを幼稚園に就園させる場合には、就園に必要な入学金、保育料、制服等の実費（寄付金は除く）を合算した額を請求することができます。ただし、各自治体において幼稚園就園奨励費の補助または施設等利用給付費の支給がある場合には、その額を控除した額が支給されます。

（2）小中学校・特別支援学校高等部のためのお金

① 入進学支度金

　入進学支度金として、小学校入学では6万4,300円、中学校入学時に8万1,000円が支給されます。このお金は、入進学に際し必要な学用品、夏服や冬服等の制服代に充当します。特別支援学校高等部生には8万6,300円まで実費支給されますが、どちらも不足分は里親手当から補充することになります。

② 教育費と教材費

　小中学校と特別支援学校高等部の子どもに対しては、教育費が支給されます。月定額で支給されます。義務教育に必要な学用品費（体操服やリコーダーはこれに含まれます）として、小学校2,210円、中学校4,380円、特別支援学校高等部4,380円が基準額です。

　また、教科書に準ずる正規の教材として学校長が指定したものも支給されます。水着などがこれに該当します。学校長が発行した領収書と学校の通知などが必要です。

③ 通学のための交通費

　学校に通学するための交通費として、定期券の購入費用が支給されます。場合によっては、自転車の購入費用も認められます。

④ 部活動費

　部活動に必要な遠征費や道具代です。上限があるものもあります。

⑤ 学校給食費

　学校給食費に関しては、実費が支給されます。里親が立替払いをして、領収書を提出することで精算します。

⑥ 修学旅行等の費用

　修学旅行の費用として、小学6年生は2万2,690円、中学3年生は6万910円、特別支援学校高等部3年生は11万1,290円が支給されます。いずれも、学校が作成した修学旅行のしおりなど、日程や参加がわかるものを提出しなければなりません。社会科見学では出ませんので、注意してください。ただし、小中学生の臨海学校、林間学校などの夏季等特別行事費として3,150円が支給されます。こちらも証明が必要です。

⑦ 学習塾費

　中学生は、学習塾代も2万円を上限に支給されます。また、特別な配慮が必要なために個別学習支援（家庭教師）を受けた場合には、実費（上限2万5,000円）が支給されるようになりました。このような場合には、あらかじめ児

童相談所に許可をもらってください。

（3）高校のためのお金

① 授業料等

　高校生になると、特別育成費として、授業料等として公立高校で上限2万3,330円、私立高校で3万4,540円までが実費で支給されます。このお金は、授業料や、クラブ等の学校納入金、教科書代、学用品代が含まれます。学校長が発行した領収書や、支払いの内訳がわかる学校の通知書の添付が必ず求められますので、学校のプリントは大事に保管してください。毎月の在学証明も必要です。

② 通学定期代

　通学定期代の実費も支給されます。最も経済的な通常の経路、方法であることが求められます。

③ 学習塾費

　学習塾代として、実費が支払われます。高校1・2年生が上限2万円、高校3年生が2万5,000円までです。塾長などの証明がある領収書が必要です。

④ 特別加算

　高校入学にあたり、制服や通学用品等の購入のための特別加算として、実費（上限8万6,300円）が支給されます。高校入学時の購入には、まず足りませんので、里親手当から補充することになります。自治体によっては独自に上乗せして加算するところもありますので、詳しくは児相にお

尋ねください。

⑤　見学旅行費

　修学旅行の費用として、高校3年生は11万1,290円が支給されます。しおり等の提出が求められます。

⑥　資格取得のための経費

　就職や進学に役立つ資格習得や講習を受けるための経費として、上限5万7,620円の支給が認められています。子ども1人につき1回に限ります。事前に申請が必要ですので、注意してください。特別支援学校高等部に在籍する子どもでも認められます。

（4）子どもの自立に向けたお金（子どもに支給）

①　就職支度費および大学進学等自立生活支度費

　子どもが巣立つために、8万2,760円が支給されます（1人1回限り）。

②　特別基準加算

　親の経済的援助が見込めない場合には、19万8,540円が上記①に加算されます。

　支度費とはいいますが、実務上は高等学校・特別支援学校高等部などを卒業する年の3月分の請求となるため、実際は5月に振り込まれることが多いようです。
　なお、令和元年度に高等学校を卒業した里子は390人いますが、そのうち進学した子どもは228人（58.5％）で、

就職は130人（33.3％）、その他32人（8.2％）でした。

　児童養護施設の場合は、1,752人中、進学579人（33％）、就職1,031人（58.8％）、その他142人（8％）ですので、里親家庭のほうが進学率が高いことがわかります。

　全国の高卒者約112万6,000人のうち、74.2％が進学で、就職は18.3％、その他が7.4％であることを考えると、社会的養護の子どもたちが厳しい状況に晒されていることがわかります。

（5）医療に関するお金

① 医療費

　医療費については医療機関の窓口で県などから交付される受診券を提示して、里親が現金を支払わずに済む現物支給となっています。つまり、子どもたちが病院にかかるには、健康保険証と、県等より発行される受診券が必要になります。健康保険証がない子どもの場合は、公費単独で、受診券のみで診療を受けます。どちらも現物支給ですので、窓口で里親がお金を払うことはありません。ただし、診断書料や薬の容器代を請求されることはあります。

② 通院交通費

　特別な事情があり、定期的に遠方の病院へ通院する場合、月額7,500円（専門里親は1万5,000円）の通院交通費が支給されます。ただし、事前の申請が必要になります。通常の診療には適用されませんので、児童相談所にあらかじめ尋ねてください。

③ その他の医療費

　医師が指示をした場合は、眼鏡も対象になります。その場合は、医師の指示を証明する処方箋と、眼鏡の領収書を添えての後払いになります。

　予防接種に関しては、破傷風トキソイドやロタウイルスなどは実費が支給されるようです。インフルエンザは対象になりませんが、市町村によっては全額あるいは一部助成をするなど地域差があります。各自治体に確認が必要です。

（6）その他のお金

① 一時保護費

　一時保護を受けた場合は、一時保護委託の子どもの生活費として、日額4,630円と、子どもを幼稚園や高校へ送迎した場合の通学費として、日額1,860円が支給されます。

② レスパイトケア費

　レスパイト（P.181参照）を受け入れる先には、２歳以上日額5,600円、２歳未満8,640円が支給されます（レスパイトを受け入れた里親に支給されるということです）。

③ 研修受講支援費とマッチング中の生活費

　里親登録するための研修期間（おおむね６日程度）には、１日あたり3,490円の研修受講支援がなされます。また、マッチング中の子どもの生活費支援として、１日あたり5,180円の支給が新たに始まりました。

　マッチングとは、正式な委託になるまでの慣らし期間を指します。乳児院や児童養護施設等から子どもを預かって

様子をみる移行期間です。この期間中の子どもの生活費に
も、経済的支援がなされます。

④ 葬祭費

　不幸にして委託された子どもが亡くなった場合は、葬祭
費15万9,040円が支給されます。自動車料については一定
の加算があります。

⑤ 防災対策費

　避難訓練の実施や防災教育、消火器などの防災用具の購
入、総合的な防災対策にかかる経費の実費（上限額45万
円）が支払われるようになりました。

　新型コロナウイルス対策としてのマスクや消毒液、空気
清浄機などの購入にも使えると思われますが、どのような
ものを購入できるのかはあらかじめ児童相談所に確認して
ください。年度末の3月に措置費として一括で支給されま
す。領収書の提出が必要です。

（7）措置費以外のお金

① 児童手当

　里親には、里親の収入には関係なく委託中の子どもの児
童手当が支給されます。実親には支給されません。

　親権者の代わりとなる里親に、子どものための費用とし
て託されるお金です。したがって、子ども名義の専用の預
金通帳を作って、別管理をします。

　使途については、児童相談所に購入品目の許可をもらっ
て、領収書を必ず残さなければなりません。平成24年から、

「児童手当法の一部を改正する法律（平成24年4月1日施行）」により、施設入所している児童や里親等委託中の全ての対象児童について、施設設置者や里親等に支給されるようになりました。里親には住所地の市町村から、ファミリーホームについては所在地の市町村から支給されます。ただし、一時保護の場合は除外されます。

　支給額は、0歳〜3歳未満1人につき1万5,000円（一律）で、3歳〜中学校修了1人につき1万円（一律）です。

　里親養育最低基準等で、以下のように定められており、適切な管理が求められます。

① 他の財産と区分して管理すること
② 収支の状況を明らかにする帳簿を整備すること
③ 手当の支給の趣旨に従って用いること
④ 退所した場合には速やかに児童に取得させること

　委託が解除された際には、それまでの通帳を本人あるいは次の施設等に渡すことになっています。

　なお、新型コロナウイルス対策の「特別定額給付金」についても同様の措置がとられました。したがって、保護者ではなく、里親やファミリーホーム、福祉施設を通して支給されました。

　里親に対する諸手当は、お住まいの都道府県や市によっては独自の加算があるところもあります。個別に確認してみるとよいでしょう。

Ⅲ 措置費の受け取りに際しての注意点

　児童相談所の職員は、措置費に関しての詳しい知識を持っていないことも多いです。ですから、里親のほうからケースワーカーに尋ねて調べてもらうことも必要です。

　その他、本項では、措置費の受け取りに際しての注意点を解説します。

（1）課税関係

　里親が受け取る措置費は、課税の対象となります。

　里親の行っている業務は、社会福祉法上の社会福祉事業には位置付けられていません（ただし、ファミリーホームは第2種社会福祉事業ですので、ここでは除外して説明します）。

　したがって、里親が県等から支給を受けた措置費は、里親の雑所得となり、総収入に算入されます。

　つまり、措置費を含む1年間の総収入から、その年の必要経費を差し引いた金額に課税されるということです。

　里親に支給された里親手当や一般生活費などの措置費等から必要経費を差し引いた額が赤字になる場合には、雑所得には当たりません。したがって、確定申告をする必要はありません。一方、黒字の場合は雑所得に当たるため、確定申告が必要になります。

　里親の必要経費とは、措置児童の養育に用いた費用と、里親活動に要した費用のことを指します。措置児童の養育に用いた費用とは、食費や被服費、教育費や娯楽費などです。里親活動に要した費用とは、研修会への参加費や交通費、措置児童の移

動に同伴した旅費等があげられます。

　赤字か否かについて、税務署からの照会の際には、金銭の収支をきちんと示さなければなりません。家計簿などの帳簿や領収書等を正確に残し、必要経費であることを証明する必要があります。詳しくは、管轄の税務署に問い合わせてください。

　なお、里親が預かっている子どもは、税法上の扶養家族の数に算入することができますので、年末調整等で活用してください。児童相談所に申し出れば、措置していることを証明する書類を受け取ることができます。

（2）子ども名義の通帳の作成

　前項で、児童手当の管理には子ども名義の通帳が必要だと説明しました。子ども名義の通帳の作成には、口座名義人の本人確認書類が必要です（犯罪による収益の移転防止に関する法律）。

　しかし、里親に委託される子どもには、保護者の健康保険証がなく、県等が発行する受診券のみの子どもも多くいます。措置決定通知書だけでは受け付けてもらえない金融機関もあります。

　そこで、児童手当の支給対象となっている中学校修了前の子どもが児童福祉施設や里親やファミリーホームに預けられている場合には、市町村長が、氏名、生年月日、住居を証明し、その証明書で本人確認書類とすることができるという通知（平成24年3月31日雇児育発0331第1号）が出されています。この証明書を市町村より発行してもらえば、スムーズに口座を開設することができます。都道府県によっては、児童相談所から住所地の役所に連絡するところもあります。

Ⅳ　第一歩を踏み出そう

　さて、先述のように、里親にはさまざまな経済的支援があります。金銭的な心配はいらないと、おわかりいただけたと思います。里親の登録要件は、特に難しいものではありません。社会的養育を必要とする子どもたちに、ごくふつうの人たちが、ごくふつうのありふれた生活を提供することが最も大切です。

　まず始めにすることは、思い切って住んでいる地域の児童相談所に電話することです。どこの児童相談所にも、「里親になりませんか」というポスターが貼られています。里親担当の職員は、あなたの問合せに懇切丁寧な説明をしてくれるはずです。

　また、児童相談所や市町村の窓口には、里親に関するリーフレットや里親制度のチラシが置いてあります。それらを手に入れて面接の予約をとるなど、里親への第一歩を踏み出しましょう。

第3節　里親になるにあたって

Ⅰ　必要な知識

（1）どのような人が里親になるか

　里親になるには、まず、児童相談所に「里親になりたい」と申し込まなければなりません。身体的、精神的、経済的に安定していれば、誰でも申し込むことができます。また、身体に障害があっても、里親として活躍されている方も多くいます。

　年齢の制限については特にありません。ただ、子どもの養育に適しているかどうかの判断を都道府県が行います。

　実子のいる養育里親もいれば、養子を求めて養子縁組里親になった方もいます。しかし、里親制度は子どもの福祉のための制度です。いわゆる「跡継ぎが欲しい」とか「老後が寂しいから」といった里親側の要求に応えるものではありません。あくまでも、子どもの幸福のために里親制度は存在します。

　里親に必要とされる収入額については、経済的に困窮していないという規定だけで、定められた基準があるわけではありません。しかし、日々の生活が安定して維持できることは最低限必要だと考えます。子どもが委託されると、月々、養育費が支給されますが、それでは不足する場合もあるためです。

　里親の申し込みを済ませたからといって、すぐに子どもが預けられるわけではありません。まず、「里親登録」をしなければなりません。里親として登録されるまでには、里親研修の受

　講や児童相談所による家庭訪問や調査が必要となります。さまざまな手続きを経て、少なくとも半年程度は待たなければなりません。この途中で、登録しないという結論を出す人もいます。

　また、実際に子どもを委託するには、親の同意が必要です。年齢や発達状況、性格や行動傾向なども考慮しなければなりません。里親たちが考えるよりはるかに多くの条件を考慮し、調整をしながら、どの子どもがどの里親に委託されるかが決定されます。調整に要する時間も異なるため、すぐに子どもが委託される場合もあれば、大変時間を要することもあります。

　しかし、普段から児童相談所と頻繁に情報の交換を行っている里親のほうが、早く子どもが委託されているように感じます。受託の意欲が伝わるのかもしれません。

　ここで、実際にどんな人が里親に登録しているのか見てみましょう。

　平成30年2月の調査によると、里父の職業は、「専門・技術」が16%、次いで「宗教家」11%、「事務」「サービス業」と続いています。なお、全体の9.5%にあたる399人の里父が就業していないことを考えると、年配者である年金生活の方も一定数以上いることが推察されます。

　一方、里母の職業は「就業していない」、つまり専業主婦が1,886人で44.5%を占めていますが、次いで「社会福祉事業従事者」が7%、「宗教家」「サービス業」「事務」とあまり変わりなく続いています。前回平成25年2月の調査までは、里母の職業の調査自体がありませんでした。つまり、少し前までは、里母には専業主婦であることが求められていたのです。

　地域の里親会で、里母の実態調査をしたことがあります。20年前の調査では、里母の92%以上は専業主婦でした。15年ほど前の調査では、88%が専業主婦でしたが、パートで勤めている

方もちらほら出てきました。10年前になると、フルタイムで勤める方も一定数いましたが、それでもおよそ６割の里母は専業主婦でした。ところが、単身でも里親登録ができるようになったことで、専業主婦であることが求められなくなりました。

　令和２年３月１日時点の里親の就業状況については、厚生労働省児童家庭課の調査によって明らかになっています《4-3》。
　まず、委託里親は4,673家庭あり、そのうち夫婦世帯が3,998世帯、単身の親の家庭（ひとり世帯）が675世帯です。
　夫婦世帯のうち、共働きは2,025世帯で、全世帯の43.3％を占めます。そして、夫婦世帯のうち、いわゆる専業主婦（主夫）の家庭は1,709世帯で、全世帯の36.6％にあたります。また、夫婦ともに働いていない世帯は、全世帯の5.6％にあたる264世帯です。

《4-3》里親就業状況（令和２年３月１日）

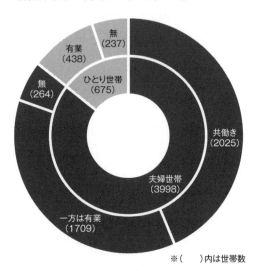

※（　）内は世帯数

　ひとり世帯については、そのうち438世帯が働いており、こ
れは全世帯の9.4％にあたります。ひとり世帯で働いていない
世帯は237世帯で、全世帯の5.1％にあたります。

　今では、いろいろな方が里親として活躍しています。
　若い男性や、若い女性の単身の里親もいます。若い男性で登
録しているのは施設職員が多く、短期中心の委託が多いようで
す。逆に、定年後に里親になった年配の方も見かけるようにな
りました。
　里親に委託されている子どもの中に、LGBT（性的少数者の
総称で、レズビアン・ゲイ・バイセクシャル・トランスジェン
ダー）の子どももいます。また、里親にもLGBTの方がおり、
実際に子どもが委託されています。
　このように、里親は、子どもの養育に理解や熱意、豊かな愛
情を持っていること、経済的に困窮していないなどの認定要件
を満たしていれば、単身でも、また同性のカップルでも認定さ
れます。
　ただし、単身の場合、知識や経験を有するなど子どもを適切
に養育できることや、養育を支援する人が周りにいるなどの環
境が整っていることなどが認定要件となります。
　近頃は、事実婚の方の登録もありました。家庭のモデルを子
どもたちに見せることに主眼が置かれていた以前からは、考え
られないことです。多様性の時代となり、里親家庭にもいろい
ろなかたちが見られるようになりました。
　一方、特別養子縁組は、25歳以上（もう一方は20歳以上であ
ればよい）の夫婦でなければできません。しかし、普通養子縁
組なら単身でもできます。

（2）子どもとの実際の生活とは

　里親は、1年365日24時間、常に子どもと向きあった生活をしなければなりません。

　児童養護施設などでは、職員が交代で勤務につきます。ですから、勤務が終了すれば自分の時間です。しかし、里親は全く違います。自由な時間は皆無です。

　身近に子どもがいない方の場合は、その生活を想像してみる必要があるでしょう。家庭における養育は、常に家の中に子どもがいるのです。寝ても覚めても子どもの気配がある生活になります。

　例えば、自分が風邪を引いて伏せっていたとしても、子どもにご飯を食べさせなければなりません。子どもは、真夜中であろうと突然に問題行動を起こしたりします。

　施設であれば、チームで役割分担することもできます。しかし里親は、まずは1人で、あるいは夫婦で問題解決に向かわなければなりません。

　といっても、里親養育は夫婦だけで担うものではありません。児童相談所や里親支援機関とのチーム養育でもあるし、地域の中での子育てです。多くの方の支援があって、成り立っています。里親は、多くの関係機関と連携をとりながら、受託した子どもの養育にあたるのです。

　10年近く前のことですが、預かった子どもが真夜中に家出したことがありました。当時、担当の児童福祉司（ケースワーカー）は、遠く離れた自宅から駆けつけて、一緒になって捜してくれました。明け方近くに見つかり胸をなでおろしましたが、そのときの児童福祉司には、今でもその子ども（といっても、もう大人ですが）の近況を報告することがあります。

　里親は、都道府県市から委託を受けます。ですから、自分の居住する都道府県市で登録しています。居住地以外で登録することはできません。そして、よその都道府県市に引っ越した場合は、再度、里親登録をし直さなければなりません。

　もとの都道府県市で預かった子どもは、里親とともに転居する場合もありますし、児童相談所が再度引き取ることもありますので、ケースバイケースです。どちらかというと、里親と一緒に行くという子どものほうが多いように思います。どちらにしろ、子どもの意思も尊重されることが望ましいでしょう。

　児童相談所は、「児童相談所運営指針」[3]に基づき運営されています。周辺の機関との連携により、必要な援助を行います。

　この指針では、第4章の第3節で養子縁組、第4節で里親、第5節でファミリーホームについて言及しています。里親としての活動も、その指針にのっとり行われます。ですから、日々の養育や里親会活動などについても、児童相談所に相談したり、支援をお願いしたりします。児童相談所と里親は、連携が欠かせないパートナーといえるでしょう。

（3）悩みを分かちあう里親会

　各県の里親会は、○○県里親会、あるいは○○県里親連合会などの正式名称があります。なかには、○○県△△会などと、プライバシーに配慮した名称の里親会もあります。というのも、ほとんどの里親会が、養育里親、養子縁組里親合同の里親会だからです。

3　https://www.mhlw.go.jp/bunya/kodomo/dv11/01.html

　里親募集の段階から養育里親と養子縁組里親が分けられる東京都では、養育里親のことを、「養育家庭」という独自の呼び方をします。そして、この養子縁組を目的としない養育家庭を「ほっとファミリー」という愛称で呼んでいます。運営は、「非営利活動法人東京養育家庭の会」というNPO法人となった里親会です。

　東京都以外の道府県市の里親会は、養育里親、専門里親、養子縁組里親および元里親（かつて里親登録していた人）といった多くの里親関係者で構成されています。

　残念ながら、どの里親会でも、親族里親の方が入会している例はあまり見受けられません。親族里親の場合は、子どもの成長と同時に退会するためと考えられます。

　一方で、里親会のイベントなどの際に、児童相談所を通して親族里親の方を招待する里親会もあります。プライバシー保護の関係で、里親会が親族里親に直接連絡することはありません。また、新しく養育里親に登録した方についても、里親会が直接的に知ることはできません。唯一、知ることができるのは、里親になるための研修の際、先輩里親として話をさせていただくときだけです。そのほかは、児童相談所を通して里親のイベントや研修の際に案内してもらいます。ですから、新しく里親になった場合は、必要に応じて自ら地域の里親会にアプローチする必要があります。

　里親間の交流頻度は、預かる子どもの年齢や、里親登録機関で差があります。ですが、どの里親会でも、おおよそ月に1回程度は顔を合わせるようにしています。児童相談所ごとの里親会では、里親サロンのほか、年に1～2回は子どもを含めた野外活動を行っていることが多いようです。乳幼児を預かっている里親や、特別養子里親を対象としたサロンなど、地域ごとに

さまざまな工夫をして運営しています。

　また、県単位の里親会では年に３回程度、研修会や交流会が企画されています。さらに全国をいくつかのブロックに分けた大会や、全国規模の里母の集い、そして最も大規模な全国里親研修大会が年に１回、厚生労働省との共催で開催されます。

Ⅱ　里親となるための手続き

（１）申し込みから里親登録まで

　里親は、里親名簿に記載されて初めて里親と名乗れます。そのためには多くの書類が必要となります。里親になるには、大まかな流れですが、以下の手順が必要になります。

●里親登録までの手順

電話での申し込み → 面接 → 基礎研修 → 認定前研修 → 申請書等の提出 → 養育実習 → 家庭訪問 → 所長や課長との面接（最終確認）→ 都道府県市の児童福祉審議会で審議 → 里親認定・登録

　この手順を経て、子どもの委託へと進んでいきます。

　里親登録するための申請書は、都道府県中核市の児童相談所等で配付されます。そのため、独自の様式になっています。記載する内容はおおむねどこも同じですが、その他の書類も含めて以下のようなものを必要とされます。

●里親登録に必要な書類

① 里親登録申請書

② 戸籍謄本（里親希望者およびその同居人が記載されているもの）

③ 世帯全員の住民票（里親希望者およびその同居人が記載されているもの）

④ 源泉徴収票などの所得を証明する書類

⑤ 里親希望者およびその同居人の履歴書

⑥ 里親希望者およびその同居人が欠格事由に該当しない旨を申し出る書類

⑦ 居住する家屋の平面図

⑧ 養育里親研修、あるいは養子縁組里親研修を修了したことを証する書類

　都道府県市により多少の違いがありますので、お住まいの管轄の児童相談所に確認をしてください。養育里親の場合には省略できる書類があるなど、種類による違いもあります。

　また、県等によっては、市町村や民間機関が申請書の取扱い窓口の場合もあります。

　申請書が受理されると、児童相談所から児童福祉司等が、里親希望者宅へ家庭訪問をします。

　また、欠格事項に該当していないかの調査があります。具体的には、市町村役場に調書が届きます。その後、里親としての適否について十分な調査が行われ、都道府県知事に送付されます。その際に、児童福祉審議会で審議され、知事は認定の適否を決定します。

　最後に、児童相談所長が里親名簿に記載を行い、晴れて里親

となります。養育里親・専門里親については養育里親名簿に、養子縁組里親については、養子縁組里親名簿に記載されます。

　登録有効期間は、養育里親と養子縁組里親が5年、専門里親が2年です。

　通常、児童福祉審議会は、年に2回から6回開かれています。ですから、里親になるには早くても半年、通常で9か月程度、場合によっては1年かかることもあります。

　繰り返しになりますが、登録が完了したからといって、すぐに子どもがやってくるわけではありません。里親制度は、あくまでも子どもの福祉のためのものです。子どもの福祉に照らしあわせて、最善と思われる里親に、委託がなされます。

（2）養育里親研修

　里親研修（養育里親研修・養子縁組里親研修）の実施は、都道府県（指定都市および児童相談所設置市を含む）が行うこととされています。また、他の都道府県、社会福祉法人等に研修の実施を委託している県もあります。

　養育里親研修の目的は、家庭養育の必要な子どもを受け入れる養育里親として必要な基礎的知識や技術の修得を行うこと、その資質の向上を図ることです（「養育里親研修制度の運営について」平成21年3月31日雇児発0331009号）。

　養育里親になることを希望する人に対して行う❶「基礎研修」および❷「認定前研修」と、養育里親の認定更新時に実施する❸「更新研修」があります。ここでは、養育里親を希望する人に対して実施される❶および❷の研修について説明します。

　研修の実施にあたり、養育里親になることを希望する人は、都道府県に研修の申込書を提出しなければなりません。

研修の方法は、講義、演習と実習です。

❶ 基礎研修
(1) 基礎研修の目的
① 社会的養護における里親制度の意義と役割を理解する
② 今日の要保護児童とその状況を理解する（虐待、障害、実親がいる等）
③ 里親に求められるものを共有する（グループ討議）
(2) 基礎研修の内容の例
① 里親養育論（里親制度の基礎）
② 養護原理（要保護児童の理解）
③ 児童福祉論（里親以外の子育て支援等）
④ 里親養育演習（先輩里親の体験談・グループ討議）
⑤ 養育実習（児童福祉施設の見学等）
基礎研修については、おおむね2日間受講します。

❷ 認定前研修
基礎研修を受講し、里親について概要を理解した上で受講します。
(1) 認定前研修の目的
社会的養護の担い手である里親として、子どもの養育を行うために必要な知識と子どもの状況に応じた養育技術を身につけること
(2) 認定前研修の内容の例
① 里親養育論Ⅱ
▪ 里親制度の基礎（里親が行う養育に関する最低基準）
▪ 里親養育の基本（マッチング、交流、受託、解除までの流れ、諸手続等）

② 発達心理学（子どもの心の発達と委託後の適応）

③ 小児医学　（子どもの身体、乳幼児健診、予防接種、歯科、栄養）

④ 里親養育援助技術

- 関係機関（児童相談所、学校、医療機関）との連携
- 里親養育上のさまざまな課題（実親とのかかわり、真実告知、ルーツ探し等）
- 子どもの権利擁護と事故防止

⑤ 里親養育演習

- 里親会活動
- 先輩里親の体験談・グループ討議

⑥ 里親養育実習

　（養育実習は、児童相談所、乳児院、児童養護施設、児童心理治療施設または児童自立支援施設で行われます）

　認定前研修は、講義はおおむね2日間、実習は2日間、合計4日間受講します。

　都道府県は、養育里親研修の課程を修了した人に対して修了認定を行い、修了証書の交付をします。修了証書の有効期間は、交付された日から2年間です。

（3）養子縁組里親研修

　平成29年に養子縁組里親が法定化されたことに伴い、それまで研修が義務付けられていなかった養子縁組里親についても研修が必修となりました。

　養子縁組里親研修は、家庭養育の必要な児童を受け入れるとともに、養子縁組によって子どもの養親となるために必要な基

礎的知識や技術の習得を行い、その資質の向上を図ることを目的としています。

　養子縁組里親研修は、養子縁組里親の新規登録時には、❶「基礎研修」と❷「登録前研修」を受講します。また、養子縁組里親の登録更新時には、❸「養子縁組里親更新研修」を受けます。

　研修期間は、基礎研修についてはおおむね2日間、登録前研修についてはおおむね4日間、養子縁組里親更新研修についてはおおむね1日間です。

　養子縁組里親研修の内容について、養育里親研修の内容と重複する部分があることから、これらの研修を一体的に実施することが多いようです。

　ただし、以下の4点は養子縁組里親ならではの内容で、重点的に学びます。

① 　児童福祉の観点からの特別養子縁組および普通養子縁組制度の意義と養子縁組里親制度の内容、家庭裁判所への申立等手続きの流れ
② 　要保護児童の多様な背景の理解、縁組成立前や成立後に想定される実親の事情の変化や子どもの発達に伴う状況の変化とそれを受け止めることの必要性
③ 　養子縁組による「育ての親」であることを子どもに伝える、いわゆる「真実告知」の重要性を含む、子どもが自分の出自を知る権利の重要性
④ 　養子縁組里親としての委託期間はもとより、養子縁組成立後においても、児童相談所や地域の関係機関が養育を支援することとしており、養親・養子は必要な支援を受けることが重要であること

第4節　実際の子どもの委託

Ⅰ　子どもが来るまでに知っておきたいこと

（1）どの子どもが来るかは児童相談所の判断

　児童相談所が里親に子どもを委託する場合は、子どもの最善の利益を確保することが必要です。ですから、これまでの養育との連続性を考えながら、委託先として考える里親との間で十分に話しあい、子どもが里親家庭で安心して生活できるように十分配慮して委託が行われます。

　仮に、里親が実習に行った先の子どもを気に入ったとしても、委託が可能とは限りません。里親委託には、実親の承諾も必要とされていますし、仮に承諾があったとしても、どの子どもが委託されるかは、上記の配慮に基づいて児童相談所の判断でなされます。むろん、年齢や性別などは、里親の希望も踏まえて検討はされます。

　子どもの中には、虚弱な子ども、身体障害がある子ども、知的障害を持つ子どもなど、困難を抱える子どもたちも多くいます。そういった子どもは、知識、経験豊富な里親に養育が任されますので、初めから難しい子どもがやってくるわけではありません。子どもに適した里親の選定が図られます。

　被虐待児の急増により平成14年度に創設された専門里親は、家庭の温かさや特定の大人の深い愛情が必要とされている虐待を受けた子どもに対応するために、主にその養育を担う里親で

す。家庭養育が望ましい被虐待児ですが、その養育は大変難しいため、専門里親、ファミリーホームといったベテラン里親に委託がされます。専門里親になるには、要件や研修が別に定められています。

　児童相談所は、子どもやその保護者に対して、里親委託をすることを説明し、納得してもらいます。

　しかし、実親の中には、養育里親と養子縁組里親を混同し、子どもをとられるという勘違いをして里親委託を拒否する方もいます。委託されるようになった子どもの実親が、ほかにも委託されている子どもがいるとわかった時点で大変安心し、ほっとした表情を見せることがあります。

　養育里親の制度が広く認知され、養子縁組とは違うことを理解してもらえれば、もっと委託が進むのではないかと考えます。

（2）委託の開始

　委託が決まり、子どもがやって来ると同時に、児童相談所は、里親と実親に「措置決定通知書」を交付します。措置の開始を示す書類です。通常、「措置書」と里親は呼びます。

　それには、子どもの氏名・生年月日のほか、保護者の住所・氏名とともに、委託先である里親の住所・氏名が記載してあります。この措置書によって、里親は子どもの保護者として活動を開始するのです。

　さて、里親は子どもの養育にあたり、自立支援計画の内容（どういったことを目標にして養育するのか、どのぐらいの期間預かるのか、家庭復帰ができるのか、できなければ委託終了後の子どもの生活先はどうするのか等）や、適切に養育にあたるために必要な情報（委託になった理由や経緯、子どもや保護

者の状態について）を児童相談所から受け取り、目標を共有します。

　児童相談所には、里親担当の職員や、里親委託を推進する職員が配置されています。また乳児院や児童養護施設にも里親支援をする職員がいます。子どもが委託されると、担当職員が定期的に家庭訪問を行います。日頃の子どもの様子をメモするなどして、良いことも、また悪いことも、子どもの状況を報告相談することが必要です。

　時には耳の痛いことを言われるかもしれませんが、チームで養育しているということを常に頭に置いて助言を受け入れ、子どもの福祉に貢献することが大切です。

　委託後、何らかの事情で措置が変更になると、子どもは大変傷つきます。子どもについて十分に担当の児童福祉司等と話しあい、子どもの福祉にかなった生活ができるように配慮しなければなりません。また、措置解除や措置変更は、里親も大変傷つきます。小さな事柄であっても、日頃から十分に児童相談所と連携し、相談することが大切です。

　実際に子どもを引き取ると、子どもは初めのうちは里親のあなたのことを、「あのう…」とか、「すみません」と呼びかけます。あるいは「先生」とか、「○○さん」と名字で呼びます。しかし、いずれ自然に「お父さん、お母さん」あるいは「おじさん、おばさん、おじいさん、おばあさん」と多くの子どもが呼ぶようになります。なかには「パパ、ママ」と呼ぶ子どもすらいます。

　養育里親は親権者ではありません。親族でもありません。全くの他人です。ですが、多くの里親は、お父さん、お母さんと

呼ばれると、不思議なことに本当に親になったような気持ちがすると話します。

（3）委託開始前にできること

　登録後のまだ委託がない間に、乳児院や児童養護施設で生活する子どもを体験で預かる「ふれあい里親」や、「トライアル里親」などの事業を展開する自治体があります。チャンスがあれば、ぜひ挑戦してください。また、先輩里親の自宅を訪問して実際の様子を見たり、里親会の行事で里親家庭の子どもたちと触れあうことも大変参考になります。ことに、先輩里親たちと知りあい、相談できる間柄になることは、その後の里親人生の宝になります。

Ⅱ　養育に疲れたら

（1）一人でなんとかしようとしない

　里親が預かる社会的養護の子どもたちは、大変な状況の中で保護されて里親家庭にやって来ます。ですから、ともすれば反抗的態度をとったり、悪態をついたり、罵詈雑言を浴びせることもあるでしょう。なかには、興奮のあまりかんしゃくを起こす、壁を蹴るなどの行為をする子どももいます。

　里親は、児童福祉施設の長と同様に、監護・教育・懲戒に関し、子どもの福祉のため必要な措置をとれることが明確化されてはいます。しかし、懲戒に関する権限については、あくまでも子どもの健全な育成のために認められているものです。し

がって、決して濫用してはなりません。そのような状態になる
前に、あるいはそのようなときは、児童相談所に電話をかけす
ぐに動いてもらいましょう。自分だけでなんとかしようと考え
るのは厳禁です。

　適切な養育を続けるためにも、子どもを児童相談所より指導
してもらう、あるいは一時保護してもらうなどの方法で里親の
精神的負担を減らすことが大切です。

（２）レスパイトケア

　里親には、一時的な休息のための援助が用意されています。
レスパイトケアといいます。

　里親の求めに応じて、委託されている子どもを乳児院や児童
養護施設、あるいは他の里親に一時的に預けることができます。

　里親は、児童相談所から預かった子どもを、勝手にほかの人
に預けることはできません。

　レスパイトを利用する理由で実際に多い事柄として、里親や
その家族の入院手術、冠婚葬祭などがあげられます。子どもを
連れて行くことができればそれに越したことはないのですが、
それがかなわぬ場合、レスパイトを利用することになります。

　場合によっては、一時保護所をレスパイト先に利用すること
もないわけではありません。ただ、多くの子どもは一時保護所
や児童福祉施設に預けられることにかなりの抵抗感があるよう
です。その点、日頃からお付き合いのある里親宅に泊まりに行
くことであれば、より自然に受け入れられるでしょう。

　利用状況ですが、令和元年度は863世帯が利用しました。受
け入れ先は、里親家庭が558世帯でやはり一番多く、次いで児
童養護施設が165施設、乳児院が78施設、その他が38施設あり

ます。延べ利用回数は2,559回、延べ利用日数は7,072日で、利用した1家庭あたりでは、およそ3回の利用になり、1回に2.7日利用したことがわかります。

　また、ファミリーホーム養育者でも利用できます。

　他の里親との交流については、多くの里親たちは、里親研修や里親サロンを通して友人となり、お互いに連絡を取りあい、里親会や里母の自助グループなどで交流を図っています。そして、いざという時には助けあいながら子育てをしてきました。不思議なことに、このような里親家庭で生活する子どもたちは、親戚の子ども同士のような感覚で大人になっていきます。

　なお、レスパイトを受け入れた里親には、公費より日額5,600円（2歳未満の場合は8,640円）が支給されます。

Ⅲ　直面する問題の解決のために

（1）相談体制の強化

　里親が求める支援の中で最も多い意見が、「支援してくれる人が欲しい」ということです。大きくは、里親を支援する人にかかわる質的問題と、実際の問題解決のための相談体制の整備の2つに分けられます。

　都道府県や中核市では、相談支援体制を整備するために、児童養護施設や乳児院に里親支援専門相談員（里親支援ソーシャルワーカーと呼ばれる場合もあります）を置いて、里親支援に乗り出しています。また、児童相談所には里親担当の職員を配置しています。最近では、児童相談所によっては里親専属の課を置くところもあります。

　しかし、全国の里親からは、「まだまだ里親の望むベテラン
ではない」「子どもの養育について、理想やきれいごとではな
く、本音で話してくれる人が欲しい」「経験豊かな職員に、里
親担当として寄り添ってほしい」という声や、「土日や夜間、
あるいは民間委託になった時間帯にこそ、すぐに対応してくれ
るようなシステムが欲しい」「そのとき起こった問題をすぐに
解決するために、緊急の里親専用ダイヤルが欲しい」など、切
羽詰まった声が多く聞かれます。問題の即時解決を望む里親が
多く、相談体制の整備や充実まで、幅広い要望があります。

（2）必要な情報の共有

　また、預かった子どもが保護された当時の状況等については、
児童相談所によっては詳細を伝える場合もありますが、詳しく
は知らされない場合もあるなど、その対応はケースによりまち
まちです。守秘義務の関係もあるのでしょうが、里親には常に
情報が提供されるわけではありません。

　しかしながら、里親の多くは、預かる子どもの詳しい資料が
欲しいと思っています。「実親に関しての情報を聞きたい」「前
の施設での育ちの様子が知りたい」など、子どものこれまでの
養育に関する資料の開示と、「施設の担当だった先生に定期的
に訪問するなどの支援をしてほしい」など、養育の連続性を望
む声があがっています。

　これらについての対応は、都道府県市や児童相談所において、
かなり違いがあります。子どもについての必要な情報が、適切
に共有されることが望まれています。

（3）実子のケア

　児童福祉への理解の増加とともに、実子がいる養育里親が増えてきました。今後の課題として、預かった子どもだけでなく、里親家庭の実子に対してどのような配慮をすべきかを考えていかなければなりません。

　養育里親の悩みの一つに、「実子の支援ができないものか。社会的養護の子どもについてはいろいろと相談できるが、実子に対しては何のフォローもない。里親家庭にいる実子に対しても同じように支援してほしいと思うことがある」というものがあります。こういった声も、よく聞こえてくるようになりました。

　里親の善意に依存した里親養育の時代ではなくなっています。

　子どもの福祉のためには、子どもの数に対して3倍の里親が必要といわれています。まだまだ里親の数は不足しています。

　筆者は、一人でも多くの方に里親登録をしてもらい、保護を要する子どもたちに温かな家庭と、あふれんばかりの愛情を与えてもらいたいと願います。そのためには、国や都道府県市が、上記のような里親の声に耳を傾け、真摯に対応することが必要だと考えます。

　また、里親自身には、児童福祉法の下、公的養育を担っているという自覚と責任を持って、日々きめ細やかに、そしておおらかに、社会的養護の子どもたちとの生活を送っていただきたいと願います。

　委託する側とされる側、双方の努力によって子どもたちを自立に導き、社会の大海原に送り出していくのです。

第5章

里親養育と養子縁組制度

第1節　子どものための養子縁組

I　養子縁組制度

（1）養子縁組里親の法定化

　児童福祉法で、養子縁組が児童福祉における社会的養育の一端と位置付けられたのは、保護者のない児童や実親による養育が困難な児童に温かい家庭を与えることにより、児童の健全な育成を図るためとされています。

　実親、里親に限らず、乳幼児を養育する親は子どもと多くの時間をともに過ごします。したがって、子どもに与える影響は大変大きいものがあります。養育技術についても、全国的に一定の水準を確保する必要があるため、養子縁組里親が平成29年に法定化されました。

　養子縁組里親研修を実施して、親として身につけるべき知識や子どもへの接し方を学ぶ機会を十分に確保するとともに、最低限の欠格要件が設けられています。欠格条件にあてはまる場合には、養子縁組里親になることはできません。

　養子縁組里親とは、都道府県知事が行う研修を修了し、養子縁組によって養親となること等を希望する者のうち、養子縁組里親名簿に登録された人を指します（児童福祉法6条の4第2号）。

　未成年を養子にするには、家庭裁判所の許可と親の同意が必

《5−1》養子縁組制度と里親制度の比較

	特別養子制度	普通養子制度	里　　親	ファミリーホーム
戸籍の表記	長男（長女）	養子（養女）	―	―
住民票の表記	子	子	縁故者	同居人
親　権	育ての親	育ての親	生みの親	生みの親
子どもの年齢	原則15歳未満	制限はないが養親のほうが年上であること	児童相談所の措置委託による（原則0〜18歳、あるいは20歳だが必要に応じて年齢制限がなくなり措置が延長される）	児童相談所の措置委託による（原則0〜18歳、あるいは20歳だが必要に応じて年齢制限がなくなり措置が延長される）
育てる親の年齢の要件	原則25歳以上の夫婦（一方が25歳以上なら、片方は20歳以上でもよい）	20歳以上（夫婦または単身者）	養育里親として登録していること	ファミリーホームの専任養育者（里親登録をしていること）
縁組の成立	家庭裁判所の審判で決定	育てる親と子どもの親権者との合意	―	―
関係の解消（離縁）	原則として認められない	認められる	児童相談所による（措置委託が解除されるまで）	児童相談所による（措置委託が解除されるまで）
その他	養子となる子どもを6か月以上監護していること			

要です。しかし、子どもが15歳以上になれば、子ども自身の意思で養子縁組をすることができ、親の同意はいりません。

　それを利用して、児童相談所と相談の上、今まで里子として養育していた親権者のいない子どもと、高校入学にあわせて養子縁組する里親も多いです。

　血縁のない乳幼児との養子縁組を希望する全ての人が、養子縁組里親になるわけではありません。児童相談所以外に、民間の養子縁組あっせん団体を経由して養子縁組をする場合もあります。

　普通養子縁組や特別養子縁組を行う人に対して、国は、養育の質を保つために一定の研修を実施し、養子縁組里親として登録することを勧めています。

　養子縁組里親の登録数は、令和元年は5,054家庭でしたが、令和2年度には新たに840家庭が登録をし、275家庭が登録を取り消したことで、5,619家庭となりました。また、実際に委託されていた数は、令和元年度は339家庭であり、令和2年度は新規に334家庭が委託され、取り消しが320家庭ありました。令和2年度末時点では、養子縁組里親353家庭に384人の子どもが委託されていました。

　また、里親全体を見ると、令和2年度に新規または措置変更により里親に委託された子どもは1,791人います。一方で、措置が解除された子どもが1,173人います。そのうち、特別養子縁組を理由として解除された子どもは383人で、その内訳は、縁組里親に委託されていた子どもが318人、養育里親が64人、専門里親に委託されていた子どもが1人います。なお、普通養子縁組を理由とするものは10人でした。また、ファミリーホームには446人の子どもが委託され、措置が解除された子どもは288人います。そのうち1人が特別養子縁組、2人が普通養子

縁組を結んでいます。

　特別養子縁組成立件数は、司法統計によると693件でしたので、309人の子どもは、民間のあっせん機関等を経由して特別養子縁組が行われたことがわかります。

　なお、養子縁組を行うあっせん事業者は、民間あっせん機関による養子縁組のあっせんに係る児童の保護等に関する法律（平成28年法律第110号）に定める許可を受けたものを指し、令和4年4月1日時点で、23事業者が活動しています[4]。

　厚生労働省は、調査日（令和2年7月10日）時点で許可を受けている民間あっせん機関に対して、「令和元年度養子縁組民間あっせん機関実態調査」を行い、概要や職員配置、養親希望者からの申し込み状況、児童の父母等からの申し込み状況成立事例などの結果を発表しています。

（2）普通養子縁組

　養子縁組里親が普通養子縁組をするときは、以下のようなことに注意して縁組を進めなければなりません。

　普通養子縁組（通常の養子縁組）をすると、養親となる人と子どもの間には、法律上の親子関係が成立します。子どもは、実の親との親子関係を保ったまま、新たに養親を持つことになります。ですから、実親や養親のどちらに対しても、相続する権利や扶養の義務などを持つことになります。

　養子縁組里親に委託されている子どもは、当然、18歳以下の子どもです。

　養子となる人が15歳未満の場合には、親権者や未成年後見人

4　https://www.mhlw.go.jp/content/11900000/000820987.pdf

といった法定代理人が、本人に代わって養子縁組を承諾します。満15歳に達した人は、法定代理人の同意がなくても、自分の自由な意思で養子縁組を行うことができます（民法795条、798条、797条1項）。

　また、夫婦が子どもを養子にする場合には、夫婦の両方が養親となります。夫または妻の一方だけでは、養親になることはできません。一方、養子縁組里親が単身者であっても、普通養子縁組をすることができます。

　また、普通養子縁組をするには、子どもの住所地の家庭裁判所の許可を得なければなりません。

（3）「養子にしてほしい」と言われたら

　養育里親として子どもを長期間預かって育ててきた場合に、子どもが、「養子にしてほしい」と言ってくる場合があります。その場合に、その希望を叶えることが可能なのか、あるいは全くするつもりはないのかを、あらかじめしっかり考えておく必要があります。夫婦であれば、話しあって共通の認識を持っておくことです。

　子どもには、自分たちは実の親の代わりに育てる養育里親であるということを折に触れ伝えなければなりません。また、養子にすることができないなら、できないとはっきり伝える強さも必要です。

　もちろん、里親の中には養育里親として子どもを成人させた後で、子どもと話しあって養子縁組をした方もたくさんいます。「養子にするつもりはなかったが、子どものたっての願いを聞き入れた」と話す方もいますし、「あなたの実親との約束で養子にはできない」と話したという方もいます。

　養子縁組が難しい場合、何より大切なことは、養育里親として ぶれないことです。法律上は養子にすることはできないけれど、精一杯あなたのことを大切に思って育てているということを、子どもに伝えるようにしなければなりません。

　今後、里親養育はさらに重要になってきます。その中核を担うのが養育里親です。自らの役割を理解し、誇りを持って養育にあたることが望まれます。

Ⅱ　特別養子縁組制度

（1）法律改正の背景

　民法等の一部を改正する法律が令和元年6月に成立し、特別養子縁組における養子となる子の年齢の上限が、原則6歳未満から原則15歳未満に引き上げられました。また、特別養子縁組の成立の手続きを2段階に分けるなど、養親となる者の負担の軽減が図られました（民法等の一部を改正する法律）。

　この特別養子制度が見直されるきっかけになったのは、社会的に養育すべき状況下の子どもの数です。平成28年度末時点で、約4万5,000人にのぼり、このうち乳児院の入所児童が2,801人、児童養護施設の入所児童が2万6,449人、里親に委託されている子どもが5,190人いました。この中で、特に乳児院や児童養護施設に入所中の子どものうち、家庭復帰が困難な事情を持つ子どもについては、永続的な家庭（養親家庭）を保障すべきとの指摘があったことによります。そこで、その方法の一つとして、特別養子制度の利用の促進が法務省法制審議会において検討されてきました。

　この改正により、特別養子制度は、待望の新しい制度として一歩を踏み出したといわれます。特別養子制度というのは、古くから他人の子を戸籍上自分の子として届け出る「藁の上からの養子」の慣習と、菊田医師事件（産婦人科医師が、予定外の妊娠をした女性のために、虚偽の出生証明書・出生届の提出を多数あっせんした事件）を背景として、昭和62年の民法改正で導入された制度でした。

　家庭に恵まれない子どもに温かい家庭を提供し、永続的に子どもの健全な養育を図ることを目的とした、「子どもの福祉」のための画期的な制度です。制度発足より特別養子縁組で年間500組前後の親子が誕生してきました。

　司法統計年報によると、近年の特別養子縁組成立件数は、平成22年325件、平成23年374件、平成24年339件、平成25年474件、平成26年513件、平成27年542件、平成28年495件、平成29年616件、平成30年624件、令和元年711件、令和2年693件と増加傾向にあります。

　今回の改正で、例外としてやむを得ない場合は15歳以上でも申し立てが可能となりましたが、審判確定時18歳に達している子どもは縁組できません。養子となる子どもの同意については、養子となる子が審判時に15歳に達している場合には、子の同意が必要です。また、15歳未満の子についても、その意思を十分に考慮しなければならないとされました（民法817条の5第1項、3項）。

　また、成立のための要件も、実親による養育が困難であることや、実親の同意があること（ただし、虐待事案等では不要とされます）、養親の元での養育が相当であること等が必要です。

　離縁に関しては、原則として認められませんが、養親の虐待がある等の厳しい要件のもとで、例外的に家庭裁判所の審判が

行われます。

（2）手続きの見直し

　民法改正を受けて、特別養子縁組の成立の手続の見直しも行われました（家事事件手続法及び児童福祉法の改正）。

　1つ目が、2段階手続きの導入です。今まで、特別養子縁組は1度に審判が行われていました。それが2度に分けて審判が行われることになりました。

　同時に、手続きの長期化を防ぐために、養親となることを希望する人が第1段階の審判を申し立てるときは、第2段階の審判と同時に申し立てなければならないとされました。

　初めの審判は、実親による養育状況および実親の同意の有無等を判断する審判、つまり特別養子が適格であるかの確認の審判です。この第1段階の審判を通過し、裁判所の判断が確定した後に、養親になることを希望する人は、試験養育を始めることになります。

　6か月以上の試験養育が終了すると、次の審判に移ります。これが、養親・養子のマッチングを判断する第2段階の審判（特別養子縁組の成立の審判）です（家事事件手続法164条、164条の2関係）。

　2つ目が、同意の撤回制限が導入されたことです。実親が第1段階の手続きで行った同意は、2週間を経過すると撤回することができなくなりました（家事事件手続法164条の2第5項関係）。

　3つ目が、児童相談所長の関与です。児童相談所長が第1段階の手続きの申立人または参加人として主張・立証をすることです（児童福祉法33条の6の2・3）。

　以上の流れをまとめます。

　まずは、第1段階の審判の申し立てを、児童相談所長か、または養親となることを希望する人が行います。家庭裁判所では、実親による養育状況や実親の同意の有無を調査し、特別養子適格の確認の審判が行われます。この段階であれば、実親は同意を撤回することができます。しかし、ここで同意を覆す期間が定められ、それ以後の撤回が認められなくなりました。この第1段階の審判で特別養子適格の確認がとれると、養親となることを希望する人は、安心して子どもを試験養育できます。

　6か月以上の試験養育が終了すると、養親となることを希望する人は、第2段階の特別養子縁組成立の審判の申し立てを行います。実親は第2段階に関与することはできません。裁判所は養親子のマッチングを審理し、養子縁組成立の審判が行われます。

第2節　里親と真実告知

Ⅰ　真実告知

（1）養子縁組里親でなくても必要

　養育里親、養子縁組里親にかかわらず、児童相談所から子どもを預かっている里親には必ず通る問題があります。真実告知です。真実告知というと、養子縁組里親だけの問題と思う方も多いかもしれませんが、そうではありません。

　出産していないこと、血縁がないことなどを子どもに告げることだけが、真実告知ではありません。真実を語ることは、里親にとっても、子どもにとっても、その後の人生を左右する一歩になります。真実を話すことは、始まりに過ぎません。

　子どもに対して、「今あなたがなぜここで生活しているのか」「お父さん、お母さんはどういった気持ちであなたとともに生活をしているのか」「あなたとの生活で、お父さんやお母さんはどういった気持ちになっているのか」など、100人の里親や養親がいれば、100通りの返事があります。どの親子も一つとして同じではありません。

　養子縁組をした養親は親権者になりますので、告知をすることは当たり前のことです。しかし、養育里親であっても告知は重要なことです。

（2）姓の問題

　養育里親として子どもを預かっている場合は、実親である親権者がいます。里親は、あくまで実親の代わりに子どもを養育しているということを忘れてはなりません。

　養育里親が年少の子どもを長期にわたり預かる場合に、本人の姓で生活する場合と、里親の姓を使って生活する場合とがあります。どちらを使うかは、担当のケースワーカーと十分相談の上で、最終的には児童相談所が決定することがほとんどです。

　養育里親というのは、縁組を前提とするものではありません。ですから、子どもは基本は実親の姓を名乗るものです。

　しかし、中には幼少期から預かり、実親の元へ帰る可能性が低い子どももいます。そういった場合でも、養子縁組の可能性が低い養育里親であるならば、できるだけ里親の姓を使用することは避け、本名を名乗らせるほうが本人にとってよいというのが大方の意見です。

　というのも、姓の問題は、本人のアイデンティティにかかわる重要な事柄です。また、のちの無用な混乱を避けるためにも、初めから血縁はないことがわかっているほうがよいからです。預かった時点で子どもが学齢に達している場合は、里親の姓を使用することはほとんどありません。

（3）将来を見据えた養育を

　里親は、自らと児童相談所（場合によっては実親も含めて）とでチーム養育をしていることを念頭に置いて、子どもが自分自身の存在や実親のことを肯定的にとらえることができるように配慮する必要があります。

　子どもが実親を否定していても、里親は決して悪く言っては
なりません。いずれ親子が一緒に暮らすことができるように支
えるのが、養育する者の役目だからです。

　いつまでここで生活するのか、実親の元に帰ることができる
のか、それらの見通しについても、時期を選んで子どもに話す
ことが必要となってきます。

　実親や親族の元へ家庭復帰することが厳しい場合、措置終了
後は自立への道を模索することになります。近い将来どうする
かについては、子ども自身の気持ちや里親としての自立後のか
かわりも含めて、養育する者として誠意を持って、子どもの気
持ちを尊重しながら話しあわなければなりません。

　養育里親としての子育てで、常に頭に置いておかなければな
らないことは、子どもは県や指定都市などからお預かりしてい
る大切な子ども、つまり公的な人であるということで、決して
自分の子どもではないということです。ですから、突然、児童
相談所の職員が子どもを迎えに来たとしても、笑顔で送り出す
義務を負います。

　子どもにとっての第1位順位は実親、次に祖父母などの親族
等、そして最後に里親であるという、この順序を間違えてはな
らないということです。いつでも実親の元に返せるように、日
頃から心の準備をしておくことも大事なことです。

（4）養子縁組での真実告知

　養子縁組里親（養親）の場合は、養育里親と違います。特別
養子・普通養子にかかわらず、養子縁組が成立すると、親権者
は養親の夫婦になります。

　特に特別養子の場合は、出産した親との関係が断絶され、唯一の親子、つまり実子となります。夫婦が2人で子育てをしていかねばなりません。自分たちが実親になり、自分たち以外に親はいないと理解したらよいでしょう。

　この場合、いつ、どんな告知をするかは、夫婦が話しあって決めることになります。ですが、全国里親会では、できるだけ早い段階での告知を推奨しています。次節で、子どもの側は告知をどう受け止めるのか、子どもの気持ちに触れたいと思います。

　児童相談所から委託された子どもの情報について、どの程度知らされるかは、（以前よりは情報の提供が行われるようになったとは思いますが）管轄の児童相談所によって大きな隔たりがあります。里親としてはできるだけ詳細な情報が欲しいところですが、個人情報保護の関係で知りうる情報に限りがある場合もあります。

　養子縁組里親の場合は、委託が決定した後に、実親の情報や保護に至った経緯を伝えられることもあります。養育里親の場合には、委託にあたり、里親と児相のケースワーカー、心理士、転入先の学校関係者などによる会議の場を設けられることもあります。

　いずれにせよ、児相の担当者と連携を密にして、情報の共有を図ることが重要と思われます。

子どもの叫び

Ⅰ　特別養子として育つ

（1）決めつけないで

　真実告知についての事例を見てみましょう。特別養子として育った当時22歳の女性が、令和元年の九州地区里親研修大会で発表したものです。

【事例】

　私は、特別養子縁組で両親の元にやってきました。

　生まれてすぐに乳児院に預けられたと聞いていますが、私には全く記憶がありません。ただ、母が、毎晩寝るときに、このようなお話をするのです。

　「昔々、あるところにお父さんとお母さんが住んでいました。お父さんとお母さんには子どもがいなかったので、いつも子どもをくださいとお願いしました。そうすると、とてもかわいい、かわいい女の子がやってきました。女の子の名前は？」と聞くので、私はすかさず「○○ちゃん！」と私の名前を答えます。すると母は、「○○ちゃんのおかげで、お父さんとお母さんは、とても幸せになりました。ありがとう‼○○ちゃん」と返事をするのです。

　皆さんご推察されましたか？そうです。寝物語に、母は私に告知をしていたのです。このお話は、私が母に、「ママ、もう

よくわかったから、言わなくていい」と答えるまで続きました。母によると、そう言ったのが幼稚園の年長さん、5歳だったと言いますから、やってきたその晩からずっと、3年あまり毎晩聞かされたわけで、すっかり覚えてしまっていました。

　母が私を産んでいないということだけはよくわかりましたが、特別養子ということの意味がわかったわけではありません。小学校の中頃だったと思いますが、その頃から母は、折に触れて、私に特別養子縁組の仕組みを話し始めます。といっても、私が理解できたのは、たった一つ。「私のお父さんとお母さんは、日本の国が決めた」ということだけです。

　「裁判所がパパとママをお父さんお母さんにしますって決めたということは、日本の法律で両親が決まったということだから、私のお父さんお母さんはパパとママ以外にはいない」ということを、高校生になる頃には自分なりに理解しました。そして私は、そのことを決して変なことだとは思いませんでした。

　その頃になると、父は、私のことが全てにおいて最優先で、何かあれば目が真っ赤になるほど、誰の目にも一番大切にしていることがわかります。また、母は毎日何度も、かわいい、かわいいと言っていましたので、両親にとって私は宝物であると、十分にわかっていました。（略）

　実の親って何でしょう。私は、産んだだけでは親ではないと思っています。私にとって、親はこの世にたった一組、育てた親だけで、産んだ人は実の親ではないと私は思います。

　縁組された子どものみんながみんな、産んだ人に会いたいとも、ルーツを知りたいとも思っていないことをわかってもらいたいと思います。

　また、血縁がないことを特別視するような発言をする方がいますが、私に言わせれば、血縁があろうがなかろうが何も変わ

りません。声を大にして、この場で言いたいと思います。

（2）里親の反応

　この話を聞いた里親の感想は、子どもの本音が聞けてよかったというものが90％を上回りました。

　「子どもの気持ちを他者が想像して決めつけないでほしいという言葉には本当に共感できた。『ルーツを知りたい』と思うのも『知りたいと思わないほど幸せ』と思うのもそれぞれ個人の育ちの中で考えることであり、他者がおせっかいであれこれいうことではないと、考えさせられた」「里子には生い立ちを振り返る権利があると思う。『〜をしなければならない』といった考えは支援者側のエゴだと気づいた。子どもに対して大切なのは、子どもが考える力を育み見守ること、求められたときに支援できるように心構え（準備）をしておくことだと感じた」「目からうろこの話だった」などの声がありました。

　従来は、「養子になった子どもは生みの親に会いたいと思っている、自分のルーツを知りたがっている」という、ある意味一辺倒の考え方が絶対的でした。ですが、それだけではないという認識が里親たちの中で芽生えたようです。

　もちろん、「里子には自分を生んでくれたお母さんにも感謝するように伝えてきた。生んでくれたから出会えたので本人も恨んでないと言っている。そして感謝している。あまりに強い言葉だったので逆に辛くなった」という里親も、少数ながらいました。

　ですが、この率直な発表に、「いろいろ思うことは子どもたちで違うと思いながらも、こんな風に思われると里親として最高だなと思う」「里子の思いが伝わってきた。里親制度の必要

性を再認識した」という意見が大半でした。

（3）真実告知後の対応が重要

　特別養子の子どもたちは、桃太郎やかぐや姫の話に例えて告知を受けることがとても多いのですが、親子関係は、告知した後が重要になります。子どもに対して、「お母さんはあなたを出産してはいない」ということを伝えることまでは、児童相談所や子どもをあっせんした団体が熱心に指導します。しかし、その後のフォローについては、あまりなされていません。

　何より大事なことは、告知をした後の養父母、里親による子どもへの日々の対応です。子どもに自分の置かれた状況、生い立ちなどを理解させるのは、大変難しいことです。告知は、親子関係確立のほんの入り口に過ぎないのです。

　養親や里親は、里親会や里母の集まりを通して、それを補ってきました。どうやって、どういう方法で理解させることが子どもの安定した成長を促すことになるのか、また親子関係の維持に必要なのかなど、お互いの経験を分かちあい、知恵を出しあってきました。こういったやりとりの中で、養育技術を高めるなど、自助努力することが求められています。

（4）大事なのは子どもの心

　特別養子縁組が成立すると、どうしても養子であることを周囲に知られたくないという気持ちになる方も多くいます。その気持ちを誰より理解しているのは、同じ立場の縁組した里親です。なかには、子どもに対してすら真実告知をためらう人もいます。

　親の気持ちがわからないわけではありません。ですが、最も大事なのは、子どもの心です。特別養子にしたことを隠し通せるものではありませんし、嘘をつくことになります。

　また、真実を知ったときの子どもの受ける衝動がいかばかりか、ご存じでしょうか。年長になればなるほど、告知をすることが困難になります。子どもが感じる不信感や親子関係の調整の困難さを、里親会では長年の蓄積で数多く知っています。

　筆者は、自信を持って真実をわが子に話してほしいと思います。特別養子には、子どもを迎え入れた夫婦だけが実親です。それ以外に、親はいないのです。

Ⅱ　嘘をつかないで育てる

（1）こじれてしまった親子関係

　筆者の所属する地方の里親会で、こんな事例がありました。

【事　例】
　ある日、元里母のO川さんが、他県から里親サロンを訪ねてきました。サロンに集う里親たちと十数年ぶりの再会を懐かしみますが、どうして彼女がここにやってきたのか、誰もがいぶかしく感じました。

　彼女の疲れ切った表情からただならぬものを感じた友人の里母が、口火を切って尋ねました。O川さんから事の次第が明かされました。

　19歳になる娘のE子（特別養子）が、昨年から家を出たまま帰ってこない。繁華街でホステスをしていることがわかって

会いに行ったが、会おうともしない。

　娘は、「今までさんざんだまして、嘘をつきやがって」と口汚くののしって家を出て行った。

　夫（元里父）は、「あんな娘は勘当だ。もう家に入れるつもりはない」と言うが、どうしたらよいかわからないと、青ざめた顔で話しました。

　そもそも何が原因なのかとの問いに、以下のような経緯を話してくれました。

　高校生のＥ子さんが男の子と深夜に遊びまわり、髪を染めたり、化粧をしたりして、わがままで手がつけられなくなっていたこと。そんなＥ子さんに業を煮やして注意する里母のＯ川さんでしたが、それに対するＥ子さんの態度があまりにひどかったので大喧嘩になったこと。勉強もせずに、夜遊びをやめないことに激高した夫が、特別養子縁組をしたことをＥ子さんに言ってしまったこと。Ｅ子さんは家を飛び出し、高校も中退し、男性宅を転々としていること。夫は、「もう娘でも何でもない」との一点張りとのことでした。

　Ｏ川さん夫妻は、15年ほど前に特別養子縁組が成立すると、「縁組を誰にも知られたくない、子どもにも絶対に知らせない」と言って転居しています。ただ、同じ時期に縁組をした里母たちとだけはかろうじてつながりが残っており、思い余って訪ねてきたということでした。

（2）子どもの気持ちと知る権利

　Ｅ子さんの両親は、彼女が特別養子であることを隠して養育していました。そして上記の通り、Ｅ子さんは、自身が特別養

子であることを17歳で知ります。最も多感な時期です。ですから、そのショックを受け止めきれずに、否定的な行為に及んでいます。

　前項で発表した女性の両親は、子どもがやってきたその日から、寝物語に告知をして育てています。ですから、女性は物心つく前から自身が特別養子であることを知っています。特別養子であることにこだわりは見えません。

　また、この女性の両親は、里親会の集まりを欠かしたことがありませんでした。養育に対するアドバイスを20年あまりずっと受け入れ続け、里親の集まりには子どもをできる限り連れて参加しています。つまり、多くの里親や、里親を支援する人々が、子どもの成長にかかわっていたということです。

　一方、E子さんの両親は里親会等には所属せず、孤立した状態で養育にあたっていたのでしょう。養育を手伝う人もいなかったように推察されます。

　再度申し上げますが、思春期に告知をすることは大変な困難を伴います。できるだけ幼少期に告知し、同じ立場（親には里親、子どもには里子や養子）の友人を得ることが必要不可欠です。

　特別養子で実子となった子どもたちの中には、大人になるにしたがって、産んだ人と会ってみたい、見てみたいと言い出す子どもも多くいます。また、逆に出自に対して聞きたくもないという反応を示す子どももかなりいます。あるいは、心の中で会ってみたいと思ったとしても、言い出せない子どももいるでしょう。出自に関しては、大変デリケートな問題です。子どもの気持ちに配慮しながら、知る権利について考えておかねばなりません。

　産んだ人を知りたいと言われたことで、養親の中には動揺する方も見受けられます。ですが、養親が実親としての権利を手にし、産んだ人、いわゆる生みの親はその権利を手放したというところに特別養子縁組制度の特徴があると筆者は思います。

　ですから、生みの親を捜す手伝いをしてあげるというぐらいの心の余裕を持ちましょう。親は、自分の子育てに自信を持てばよいのです。自信を持って、親であると胸を張りましょう。

　先述のO川さんに対して、里親たちは、次のようなアドバイスをしました。

　今は辛抱のときと思い、子どもの気持ちがほぐれるのを待つこと。手紙でいいから、待っていると伝えること。決して責めないこと。E子さんはO川夫妻の子どもであり、ほかに親はいないのだということ。嘘をついてきたのは親のほうであり、それを詫びるべきであること…。

　2年ほどして、E子さんから電話が入りました。家には帰らないと言います。しかし、時折、O川さんに連絡をしてくるようになりました。さらに3年の月日が流れ、E子さんは、やっと家にやってきました。家を出て7年の時が経っていました。O川夫妻が黙って迎え入れたのは、言うまでもありません。そして、真実を告知しなかったことを、E子さんに詫びたそうです。

第4節　周りの諸問題

Ⅰ　親族とのかかわり

（1）養子縁組へのハードル

　さて、皆さんが里親になるという決意をされ、登録をしようという段階で避けて通れないのが、親族の反応です。

　里親の話を聞くと、養育里親の場合は周りの反応が押しなべて好意的です。不幸な子どもを育てる人が里親で、里親とはまだまだ奇特な人、篤志家だといったイメージがついて回るようです。

　ですから、他人の子どもを育てるというより、育ててあげる人という意識が働くのか、善い行いをする人なのだという反応が起き、なんて素晴らしい、えらい人なのでしょうということになります。

　ところが、これが養子縁組をするとなると、反応が一変します。何も好きこのんで他人の子どもを育てる必要はない、という反応に変わるのです。養育里親と同じく子どもを育てる行為ですが、全く逆の反応です。

　このエピソードは、日本社会が家族主義、血族主義であることを示しています。自分たちの一族に、見ず知らずの他人の子どもが入ってくることに抵抗を覚える方も少なくないのが実状です。

　周りの親族をどのように説得するか。子どもを養子にする際

207

に、これが大変だったという里親の声も多く聞こえてきます。

　昔は、子どもができなかった場合、親族の子どもを貰うことがよく行われていました。少子化の現代では子どもの数自体が足りませんし、人権意識も以前とは違うため、めっきり少なくなりました。

　養子縁組里親をすることに対して、あまりにきょうだいが反対するので、それならばと「甥や姪をうちの子どもにするから、１人くれ」と言ったところ黙ったので、押し切ったという話も聞きます。

（2）子どもの持つ力

　実際に養子縁組をした里親の話を聞いても、初めから大賛成という親族は少なく、むしろ嫌な顔をされたと嘆く里親が多いようです。

　しかし、反対だった親族も、その抵抗感は年月とともに薄れ、自分が反対をしたことすら忘れたかのように変わったという方も多くいます。子どもの持つパワーは計り知れないものです。「じいちゃん、ばあちゃん」と何度も呼ばれるようになると、そのかわいさに目がくらむのでしょう。大事な宝物になっていきます。そうなってしまえば、その他の親族も、子どもを一族の一員として自然に認めていきます。

　特別養子縁組は決して特別なことではないと、世の中が抵抗なく受け入れることが大切です。そのための情報発信を、国や里親が積極的にしていくことが求められます。

II　地域とのかかわり

（1）地域の中で育てる

　親族とのかかわりだけでなく、学校や地域とのかかわりも、要保護児童を預かる里親にとって重要な事柄です。特に、養育里親として学齢児童を預かる場合には、地域の子ども会や学校のPTA活動など、地域とは切っても切れない事柄が数多く出てきます。

　里親家庭には、突然に学齢の子どもがやって来ますので、地域の人々は大変いぶかしく思います。どこから預かったのかと尋ねられることもよくあります。

　しかし、里親には守秘義務がありますので、個々の事情を話すことはできません。事情があって、児童相談所より預かっています、養育里親をしています、とだけ伝えます。

　地域の方は、里親が思っている以上に子どもたちを気にかけてくれます。「さっきあそこで見たけど、元気がなかった」などと、思いもかけない子どもの行動がわかることもあります。地域の方が、何かにかけて子どもの様子を伝えてくれることで、里親としても安心して子育てができます。

（2）かかわることが理解につながる

　多くの子育て支援を利用するためにも、子ども会やPTAの役員はできるだけ引き受けたほうがよいと、多くの里親は言います。

　子ども会やPTAというのは、確かに大変な役柄です。誰し

も好きこのんでしません。しかし、地域の実情がわかりますし、受託した（委託された）子どもの存在を知らせることによって、地域の子どもとして認知され、人々に助けられながら育てることができます。

　子どもたちの実親の多くが、地域から孤立し、ひっそりと暮らしていることを考えれば、里親家庭にやってきた子どもも当然に、多くの人から声を掛けられるという経験に乏しいものです。

　児童相談所から預かった大切な命です。だからこそ、いろいろなことにチャレンジする力、たくましさも身につけさせたいものです。

　PTAの役員になるメリットは、なんといっても学校の先生と仲良くなれます。学校の授業では、2分の1成人式などもあります。生まれたときの写真を持参しなさいと言われることもあります。そのようなときには、子どもの事情を話して、理解を求めざるを得ません。

　日本社会は多様化してきましたが、それでも里親はまだまだ少数派です。里親が少数派ということは、里親家庭で生活している要保護児童に接する教職員もまだまだ少数といえます。

　里親だけでは、子育ては十二分ではありません。周りの理解を得て、地域に根差した子育てをしていくためにも、地域の方に理解してもらうチャンスを得ることが必要です。

　里親家庭の生活を通して、子どもたちの様子を世の中に発信することができたら、少しずつではありますが、里親家庭が特別のものではなく、自然なかたちで受け入れられるようになり、社会的養護の子どもたちの生活にふつうの暮らしが入っていくのではないかと期待しています。

Ⅲ　就学（転校）の手続き

　子どもたちが楽しい学校生活を送るためには、里親の協力が必要です。子どもにとって学校生活は、家庭で過ごす時間と同じように大切な時間です。長い時間を学校の先生や友だちとともに過ごしてきた子どもにとって、転校は大変なリスクを伴うことも多いのです。

　子どもの気持ちに寄り添いながら、里親家庭に慣れるのと同様に、ゆっくりと時間をかけて、新しい学校への準備をしていきます。

（1）住民票

　子どもがやってきた場合に、全ての子どもが里親宅に住民票を移すとは限りません。実親が住民票を移すことを拒む場合もあります。また、実親に居所を教えないために、あえて移さないこともあります。ケースバイケースです。

　住民票を移す場合は、世帯主（里親）の住民票に移します。続柄は「縁故者」と記載されます。ファミリーホームの場合も世帯主の住民票に移しますが、続柄は「同居人」と記載されます。児童養護施設の場合は、世帯主が子ども自身となった、単独の住民票の場合が多いようです。市町村の担当者の中には知らない方もいますので、注意が必要です。

（2）就学する場合

　就学する場合には、住民票の有無は関係ありませんので、居

住地の市町村の学校教育課や教育委員会等で、転入の手続きをすることになります（市町村によって取扱い窓口が違うこともあります）。住民票がない場合には、あらかじめ、その旨を児童相談所より市町村に連絡してもらいます。

（3）小中学校の場合

　小中学校の場合は、前住所地の学校より転校の書類（在学証明書と教科用図書給与証明書）が児童相談所を通して渡されますので、市町村の担当窓口に持参して提示します。

　このとき、児童相談所より発行の「措置決定通知書」も持参して掲示します。すると「転入学通知書」が発行されます。これを受け取ったら、就学する学校に転校の書類を3点とも持参し提出して、登校開始日を決めてもらいます。学籍簿などは、学校同士で直接やりとりをすることが多いようです。

　委託された子どもの場合、学校によっては、児童相談所と学校、里親とでケース会議[5]を行い、情報の交換等をすることもあります。

　また、転校にあたり、児童相談所が関与しながら手続きが行われることもあります。どの程度児童相談所がかかわるかは、児童相談所によって違いがあります。わからないことがあったら、遠慮なく担当者に相談しましょう。

5　ケース会議とは、個別の虐待ケースの支援等にあたり、その援助方針、具体的な方法、時期、各機関の役割分担、連携方法などを検討する協議の場を指します。

（4）高校の場合

　高校生の場合は、基本的に、転校しなくて済むように配慮した上で、児童相談所が里親や児童養護施設を選びます。ただし、学校に保護者変更の届け出をすることや、校納金の手続きなどがあります。

　高校の授業料や校納金は、措置が決定した日から里親が費用負担することになりますので、注意が必要です。また、学校によっては里親委託児童の経験がない場合もありますので、児童相談所も含めた対応が必要となってきます。

　国は、全ての高校生が安心して勉学に打ち込めるように、学校等における教育に係る経済的負担の軽減を図っています。授業料の支援については「高等学校等就学支援制度」を用意しています。

　全日制の私立高校に進学や編入の場合には、令和2年4月から、年収目安が約590万円未満の世帯の生徒を対象として、支援の上限が39万6,000円まで引き上げられるなど、授業料の実質無償化が実現されました。なお、国公立の高校については、これまで同様、年収910万円未満世帯に対して、授業料相当額の就学支援金が支給されます。

　里親家庭の場合は、里親の年収は関係ありませんので、「高等学校等就学支援制度」で満額の支援を受けることができます。

　そのほかに、所得の低い一般家庭の子どもの場合は、授業料以外についての支援をする「高校生等奨学給付金」もあるのですが、児童福祉法による見学旅行費または特別育成費が支給されている里親家庭の子どもや児童養護施設入所の子どもは対象とならず、こちらは給付されません。ただし、もしも預かっている子どもが家庭復帰をした場合は、途中からでも申請が可能

です。児童相談所を通して、このことを保護者に伝えるようにしたいものです。

　手続きのために住民票やマイナンバーが必要になるなど、都道府県によって対応に違いがありますので、詳しくは学校や児童相談所に確認してください。なお、学校教育においては、里親は子どもの保護者として扱われます。

Ⅳ　18歳成人を迎える際の注意点

（1）本人による契約が可能に

　民法改正により、令和4年4月から成人年齢が18歳になりました。

　民法が定めている成人（成年）年齢は、「一人で契約をすることができる年齢」という意味があり、親の同意を得なくても、自分の意思でさまざまな契約ができるようになります。ですから、18歳未満なら親による取り消しができますが、成人後にはできなくなります。

　さらに、「父母の親権に服さなくなる年齢」という意味もあります。「親権」は子どもを守り育てる義務や財産の管理などの権利を指します。そのため、本人は自由を得る一方で、自身の責任も増すということになります。

　里親宅で生活する子どもたちは、親権者の同意のもとに児童相談所（都道府県市）より預かっているわけですが、18歳成人後は、本人が携帯電話の契約、住居の決定、進路の決定、通帳の管理などをすることができます。

　特に携帯電話では、課金やアプリのダウンロードによるトラ

ブルが後を絶ちません。子どもを守るためにも、正しい知識と
里親子間のコミュニケーションを大事にしたいものです。

（2）自転車損害賠償責任保険

　国は、手軽な移動手段である自転車の事故により、数千万円
もの高額損害賠償を命じられた判決事例を受け、自転車損害賠
償責任保険等（以下、自転車保険）への加入を促進しています。

　令和4年4月1日現在、自転車条例により、30都府県が18歳
以上の者に自転車保険の加入を義務付けており、9道県が努力
義務を求めています。

　自転車保険加入義務者は18歳までは保護者が、18歳になると
自転車利用者本人が負うことになります。里親が預かる子ども
の場合は、里親が保護者（未成年者を現に監護するもの）と
なって、保険の加入義務を負います。また、監護する未成年に
対して自転車交通安全教育や乗車用ヘルメットの着用、点検整
備などを行わせる努力義務を負います。

　中・高校生が通学で自転車を利用する場合には、措置費で保
険料が賄われる自治体も多くありますので、管轄の自治体や児
童相談所にご相談ください。

★コラム★　「こうのとりのゆりかご」とK君

　「僕は、こうのとりのゆりかご出身のKです」。開口一番、1人の大学生が語り始めました。さわやかな口調で生い立ちを話すK君を見つめながら、筆者は、穏やかで優しい里父さんそのままの表情に、とてもあたたかな気持ちに包まれました。

　K君は、平成19年、熊本県の慈恵病院に開設された「こうのとりのゆりかご」に最初に預けられた子どもです。

　ゆりかごをめぐっては、「赤ちゃんポスト」という表現とともに、全国で賛成反対の声が沸き上がりました。里親会でも何度も話題にのぼり、里親の多くは「命を守る、命を救いたい」という理由で賛成を表明しました。運用が始まり、最初に預けられた子どもが、想定していた赤ちゃんではなく、身長100㎝の3歳ぐらいの幼児であったという事実は、センセーショナルに報道され、議論に拍車がかかったことを今でもよく覚えています。

　そんなK君が、自分の意志で自分の生い立ちを公表し、ゆりかごに預けられた161人の当事者の1人として、先頭を切って活動を始めたことは、大変な決意と周りのサポートがあったればこそだと推察しています。

　「ゆりかごがなかったら、僕は今ここにはいない」と話すK君は、自信にあふれ、実子が5人いる里親さん宅で、両親だけでなく、周りの人たちから大切に慈しまれて育ったであろうことがわかります。兄が大好きで追いかけて遊んだというK君は、高校2年の冬に養子縁組をして、法的にも親子になりました。

　ゆりかごに預けられて命が守られたことが幸せなのではなく、その後の人生が幸せであることが最も大切です。K君の姿を通して、社会的養護の子どもたちだけでなく、全ての子どもたちが自ら意見を表明し、自身が納得する自分の人生を歩んでほしいと願わずにはいられません。

第6章

里親養育の実際

第1節　社会的養育の実現

Ⅰ　社会的養育と子どもの声

　里親は、地域社会で生きています。自分たちの住む地域社会の理解や応援を得ながら、里親家庭で暮らす子どもたちがよりよく生きることができるように努めなければなりません。つまり、地域の皆さんと連携を深めながら、子どもたちを社会に巣立たせるということです。

　第4章で、国は、社会的養護の基本理念を次のように定めていると説明しました。

---

① 子どもの最善の利益のために
② 全ての子どもを社会全体で育む

　そして、この理念のもとで、社会的養護の原理として、次の6つの項目をあげています。

---

① 家庭養護・家庭的養護と個別化
② 発達保障と自立支援
③ 回復をめざした支援
④ 家族との連携・協働
⑤ 継続した支援と連携アプローチ
⑥ ライフサイクルを見通した支援

　里親家庭にやってきた子どもたちの生の声に絡めつつ、これらが実際にどういうことを指すのかを考えてみましょう。

（1）家庭養護・家庭的養護と個別化

　子どもが、自分が愛され大切にされていると感じる当たり前の生活を保障することが重要です。そのために、家庭と同様の環境である里親などの「家庭養護」や、それがかなわぬときにできるだけ良好な家庭的な環境で養育する「家庭的養護」と、それぞれの子どもの育みを丁寧にきめ細かく進めていく「個別化」が必要です。

　個別化とは、どういうことを指すのでしょうか。子どもたちの声です。

> 【1】生まれてはじめてお母さんができた。施設では先生しかいなかったから、何でも言える。買い物にも連れて行ってくれたので、そっと、スーパーの買い物かごの中にお菓子入れてみたら、買ってくれた。
>
> 【2】お父さんって、何も言わなくてもしてくれるんだね。泊まりがけの部活の試合を遠くまで見に来ていたので、「えぇっ、いる！」ってびっくりした。とても嬉しかった。
>
> 【3】お墓参りをした。お墓って何？と聞いたら、おじいちゃんや、おばあちゃんが亡くなって入っている場所って教えてくれた。僕の本当のおばあちゃんってどこにいるのかな？お墓とかあるのかな？

　里父の子どもに対する何気ない愛情が、きちんと子どもの心

に響いていることが理解できます。年長の子どもの場合は、日々の暮らしの中で、少しずつ愛されるという実感が育つのです。

お墓の疑問については、実家庭のことを話すチャンスととらえましょう。里親は、子どもの実家庭についてあまり多くの情報を持ちません。しかし、この世の中に生まれてきたということは、必ず産んだお母さんやお父さん、その両親を産んだおばあちゃん、おじいちゃんがいるということです。いつの日か、あなたの実のおじいちゃんやおばあちゃんのお墓参りができたら、きっと喜んでくれると思うと話してあげましょう。

里親家庭にやってきた子どもたちは、ふつうの子どもたちが当然知っていることや、やってきたであろうと思える経験がありません。母親の買い物について行くことも、スーパーマーケットのかごにお菓子を入れるのも、子どもならごく当たり前の光景です。しかし、大人数で暮らす児童養護施設での生活では、それは望めません。里親とともに過ごす何気ない日々の生活がいかに重要であるかが、うかがい知れます。

買物について、特別養子を迎えたお母さんの体験です。

【4】2歳でやってきた我が子を、初めてスーパーに連れて行きました。菓子売り場に並ぶお菓子の数々を見て、「全部いる（欲しい）」と言って、寝転んで泣き叫び、大変恥ずかしい思いをしました。慌てて抱きかかえて外に連れ出しました。その後、スーパーに入るときは必ず「お菓子は1つね」と言い聞かせて入るようにしています。

　この子どもは、スーパーマーケットに買い物に行った経験自体がなく、ましてや菓子売り場を見たのも初めてだったことがのちにわかります。

　子どもたちにとっての個別化とは、毎日の生活の中で、一人ひとりのきめ細やかな生育の歴史を育むことです。子どもたちは何気ない暮らしの中で、豊かな経験をし、世の中の成り立ちや仕組みを学びます。そして、他者から愛される実感の中から自己肯定感を培います。

（２）発達保障と自立支援

　社会的養護は、未来の人生を作り出す基礎となるように、子ども期の健全な心身の発達の保障を目指して行われます。

　特に、乳幼児期に形成される愛着関係や基本的な信頼関係の基盤は、自分や他の人の存在を受け入れ、自立に向けた生きる力の獲得や、健やかな身体的、精神的および社会的発達を促すとされます。

　子どもの自立や自己実現を目指して、子ども自身が主体的な活動をし、さまざまな生活体験などをすることで、社会生活に必要な基礎的な力を形成していくことが必要です。

　以下は、子どもの近くにいる方の声です。

【5】Ｇ太君は、お母さん（里母）が大好きだね。お母さん以外の人の言うことは少しも聞かないけれど、お母さんの言うことだけは聞くよね。だから、ちょっとでも私がお母さんにくっついていたら、やきもちで露骨に嫌な顔してくるよ。

> 【6】F美ちゃんは、やっと一人で電車に乗れるようになったね。
> 高校生になっても、いつもお父さんと一緒じゃなければ乗れ
> なかったのに。よかったね。

　お母さん大好き、お父さん大好きは、どの子でも通る道です。
一人の固定した人に対する愛着が育たなければ、子どもは次に
進めません。振り返ったときにいつも、安心できる人が見てい
ることが、子どもを自立へと向かわせます。
　【6】の17歳女児・F美は、知的障害があり、不安が強く、
一人で電車に乗ることができなかった子どもです。14歳のとき
に措置変更となり、里親家庭にやってきました。乳児院、児童
養護施設と、全てが社会的養護と呼ばれる施設で育ってきたた
め、きめ細やかなかかわりを結ぶことができませんでした。
　里父が一緒に電車に乗って通学することで、1年かけて登校
が可能になりました。一人で登校するときは今でも、この世の
終わりのような決死の形相で出かけていくと聞きます。本人は
ほかの人に対して、父親が勝手についてくるとうそぶいている
ようです。
　丁寧に養育することで、社会性の習得は困難と思われていた
子どもでも、社会に適応する能力を徐々に身につけることがで
きます。

（3）回復をめざした支援

　社会的養護を必要とする子どもたちは、被虐待体験や分離体験[6]などによるダメージを受けてきました。こういった体験により、心の傷や深刻な生きづらさを抱えているのです。さらに、情緒や行動、自己認知・対人認知などでも深刻なダメージを受けていることも少なくありません。その回復のためには、専門的なケアや、心理的なケアも必要となります。

　こうした子どもたちが、安心な場所で、大切にされる体験を積み重ね、信頼関係や自己肯定感（自尊心）を取り戻していくことが必要です。

【7】私、生きていてよかったんやね。切った傷跡（リストカットの無数の傷跡）が、初めて恥ずかしいと思った。まだ時々切りたくなるときもあるけど、だいぶ我慢ができるようになったよ。

【8】僕のこと、いつもお母さん（里母）が大事、大事って言っているから、僕も、お母さんが大事、大事って思うんだ。

　ベテランの里親や専門里親、あるいはファミリーホームに委託される子どもの中には、リストカットをする子どももいます。こういった子どもの養育は、医療との連携がなければできま

6　家族などの親しい人と引き離される経験のこと

せん。通院や服薬などの治療と並行して、里親が絶えず寄り添い続けることで、回復していくことができるというのが筆者の実感です。

　また、リストカットを通じて、自分に注意を向かせたい、優しくしてほしいと訴えているように感じるとの声もあります。ですが、里親は淡々と傷の手当てをし、決してそのことに注目するような態度をとらないこと、また里親が服薬管理して、病院で処方された薬をきちんと飲ませることが望ましいと考えます。こういった対応で、リストカットは確実に減っていくと感じています。

　子どもに注目するのは、好ましい行いをしたときや、ほめるときだけにすることです。自己肯定感の育っていない子どもは、ほめられる経験が極めて乏しいものです。ですから、かわいい、大切、大事などの言葉を毎日何度も子どもにかけ続けることが重要です。それが、子どもとの信頼を築き、自尊心を取り戻すことにつながります。

　リストカットに限らず、里親家庭にやってくる子どもたちは、つらい体験をしてきた子どもも多く、大人が考えるよりずっと多くの過酷な生活を強いられてきています。そのように考えたほうが、子どもの行動を理解することが容易なように思います。

　また、どんなときでもそばにいて寄り添ってあげたいという里親も多いですが、かなりの頻度で、思春期の子どもは「うざい」「あっちに行って」という言葉を吐きます。

　ですから、つかず離れずという適度な距離感を保ちながら、それでも毎日何か1つでもほめ続けましょう。ほめることがないと思っても、見つけ出せばよいのです。食べっぷりがいい、かっこいい、センスがいいといったことで構いません。毎日歯を磨くことをほめてもいいし、逃げ足の速い子どもに運動の能

力が素晴らしいとほめた里親もいます。洗濯物をたたむのを手伝ってくれたら、「助かった、ありがとう」と言えばよいのです。

　里親が、高校生の男児に「すまんけれど、電球の取り換えをしてくれんかね」と頼み、「助かった、ありがとう」と言ったら、その後は自分から高い位置の仕事をしてくれるようになったとの話も聞きます。

　その子どもは、「今まで、そんな風に丁寧に頼まれたことがなかった。自分の周りの大人は上から目線で、怒鳴り散らすか、命令するかだけだった」と話します。頼りにされるという体験を通して、自分の存在価値を認識し、自己肯定感を回復しているのです。

（4）家族との連携・協働

　社会には、保護者の不在、養育困難、さらには不適切な養育や虐待などにより、安心して自分をゆだねられる保護者がいない子どもがいます。また、子どもを適切に養育することができない親、そして適切な養育環境を保てず、困難な状況に置かれている親子がいます。

　社会的養護は、こうした問題状況の解決や緩和を目指し、それに的確に対応するため、親とともに、親を支えながら、あるいは親に代わって、子どもの発達や養育を保障していく包括的な取り組みでもあります。

【9】私、お母さん（実母）が嫌いやったけど、ここ（里親宅）

> に来てお母さんのことが少し許せるようになってきた。今は
> 会いたいかなぁって思うときもある。
>
> 【10】親（実母）とは一緒に暮らしたいと思わないけど、生きて
> いてくれたらそれでいいと思っている。死んでほしくはない。

　里親に委託される子どもたちは、厳しい環境で育ってきた子どもたちがほとんどです。実の両親がそろっている子どもは、ほんの一握りです。ほとんどの母親がシングルマザーで出産し育てている、あるいは離婚しています。シングルになった母親には新しい交際相手がいることが大変多く、家庭復帰を一層困難にしています。

　子どもは好き嫌いにかかわらず、むしろ嫌いという子どものほうが、実親を求めているように感じます。実親に自分のことだけを見てほしい、心配してほしいなどの信号を出すかのようにリストカットをする子どももいます。

　リストカットする子どもに尋ねると、リストカットしているそのときは、全く痛みを感じないのだそうです。ところが、治療のため病院で傷を縫うとなると痛がりますので、心のサインだといわれています。

　【10】の事例は、精神疾患の実母を抱えた17歳の男子高校生の言葉です。幼少期から、ずっと実母に振り回された生活を送ってきました。

　実母のことを嫌がって、一緒に暮らしたくないと言っており、自分も親のように精神疾患を患うのではないかと恐れてもいました。それでも、ポツリと「生きていてくれたらそれだけでいい」とつぶやきました。しかし、彼の願いもむなしく、実母は

自死してしまいました。彼の胸中を思うといまだに胸がつぶれる思いがします。

　里親にとって、実親と直接会う機会は少ないものです。しかし、子どもを通して実親をも支えるというように、里親の意識も変わってきています。

（5）継続した支援と連携アプローチ

　社会的養護は、人とのかかわりに基づく営みです。始まりからアフターケアまでの継続した支援と、特定の養育者による一貫性のある養育が望まれます。児童相談所や施設、里親等が、専門性を発揮しながら連携しあい、一人ひとりの子どもの社会的自立や親子の支援を目指していくのです。

　そして、支援の一貫性・継続性・連続性を確保することにより、子ども自身が、自らが歩んできた社会的養護の過程を、よりよい将来につなぐためのつながりのある道すじとして理解できるようなものであることが求められます。

　また、そのことを里親が子どもに話すことで、納得できるよう手助けすることが必要だと考えます。

　以下、子どもの声です。

　【11】施設にいたから、ここ（里親宅）に来られたのやね。早く来ればよかったって思うけど、やっぱり施設にいたからここに来ることになったと自分でも納得している。前の施設の先生は俺のこと覚えているかな。覚えていてほしいな。

【12】　いつか、うまれたときにいた乳児院に行ってみたいけど、
お母さん（里親）ついてきてくれるかな？

　児童相談所に保護された子どもたちは、しばらくの間、一時
保護所に留め置かれ、その後は自宅に戻ります。そして、自宅
に戻れない子どもは、ほとんどが児童養護施設に措置されてき
ました。実親から乳児院に、乳児院から児童養護施設などに措
置が変更されていく子どもの数が圧倒的多数で、一時保護所か
らそのまま里親家庭に措置委託されることは、少数でした。特
定の養育者がいない子どもたちの心は、すさんだものになるこ
とが多いといわれます。
　ところが、今後は主として里親に委託しましょうと、国の基
本姿勢が変わりました。子どもの発達の上で、一貫性のある養
育は重要なことです。里親養育であれば、それが可能です。
　次の事例は、最後の里親宅で、委託終了後もなんとか落ち着
いて暮らしているというものです。里親の心労と努力に敬服し
ます。

【事　例】

　女児は、生後すぐに乳児院に預けられ、３歳で児童養護施設
に措置変更になります。さらに、事情により他の児童養護施設
へ移りますが、中学３年生のときには非行を理由にＹ里親に
委託になります。しかし、入学した高校で問題行動が多発し、
退学になりました。その後、次のＺ里親家庭に措置変更になり、
再度、定時制高校に通いますが、またもや退学します。
　しかし、Ｚ里親の厚意で、委託終了後もその里親宅で何とか
生活を続けています。

　彼女は生活の基盤が不安定で、施設を転々としています。せめて転々とすることがなかったら、彼女の生活はここまですさんだものにはならなかったであろうと思われます。

　彼女は、納得して児童養護施設から里親家庭に変わったわけではありません。非行を理由に、施設では生活できなくなっただけです。ですから、Y里親家庭に来た当初は寡黙を続け、ほとんど食事もとりませんでした。

　転校した中学校には1日も通うことなく卒業しました。また、進学した高校では、反抗的で、問題行動ばかり起こし、とうとう退学になりました。家出や無断外泊を繰り返したのも、彼女なりの抵抗だったのだと思います。

　児童相談所の判断で、Y里親宅から次のZ里親宅に措置変更の話が出たときに、彼女は初めて行きたくないと意思表示をしました。しかし、最後は今までありがとうの手紙を残し、出ていきました。

　Z里親家庭で今もなんとか暮らしていることを聞き、Y里親は大変喜んでいます。

　里親は、児童相談所から措置委託されるときは、委託児童に関する情報をある程度提示されます。ですが、施設からの措置変更の際には、あまり情報がありません。施設での生活が長ければ長いほど、細かな情報は提供されないと、里親は口をそろえます。

　Y里親は、次のZ里親に措置変更となった際に、児童相談所の担当ケースワーカーと一緒に子どものこれまでの様子を事細かに伝えています。

　次の施設や里親に変わるのであれば、きめ細かな情報の共有が必要不可欠であると、つくづく実感します。

（6）ライフサイクルを見通した支援

　里親やファミリーホームは、社会的養護のもとで育った子どもたちが社会に出てからの暮らしを見通した支援を行い、委託を終えた後も長くかかわりを持ち続け、帰ってくる場所として、帰属意識を持つことができる存在になっていくことが重要です。

　社会的養護には、育てられる側であった子どもが親となり、今度は子どもを育てる側になっていくという子育てのサイクルへの支援が求められます。そして、虐待や貧困の世代間連鎖を断ち切っていけるような支援が求められます。

【13】私、ここ（里親宅）出ていかんよ。ずっとここにいるって決めた。

【14】自分の親みたいに子どもを虐待するかもと思うから、結婚しないと思っていた。だけど、お父さんとお母さん（里親）見ていたら、してもいいと思うようになったよ。

【15】姉ちゃん（結婚して出て行った元里子）みたいに、子ども産むときは帰ってきていいとわかってホッとした。

　子どもたちに対し、どういったかたちで永続性を保障するかが問われています。特別養子縁組制度は、確かに永続性を保障したものです。しかし、上限年齢が15歳まで引き上げられたとはいえ、誰もが使えるわけではありません。

　養育里親やファミリーホームは、家族として子どもたちを迎え入れるものです。ですから、できる範囲で家族としての暮らしを保障し、委託が終了した後であっても、個人的な絆によって帰属できる場所として、永続的に子どもを支えることができます。年老いて里親が亡くなったとしても、子どもにとっては帰るべき場所であり、訪ねる家であり、供花を手向ける相手なのです。

　本当に困ったらお父さん（里父）に連絡しよう。悲しいことがあったらお母さん（里母）のみそ汁を飲みに帰ろうでよいのです。SOSを出す力は生きる力となります。自分一人で生きることが、生きる力ではありません。困ったときに相談する力をつけ、上手にSOSを出して、この世の中を生き抜くことが大切ではないでしょうか。

　里親家庭、ファミリーホームは、家庭生活のモデルです。家族のモデルでもあります。社会的養護の子どもたちの実の家庭は崩壊していることが多く、子どもたちの目指すべきモデルとなりえていません。

　ですから、里親は自らの家庭の姿を通して、子どもたちが未来に明るい展望を持つことができるように、日々の暮らしを紡いでいくのです。

第2節　自立に向けた支援

Ⅰ 「自立」と「自律」

（1）2つの「じりつ」

　要保護児童と呼ばれる子どもたちの養育に携わる者は、預かっている子どもが年長になればなるほど、子どもの将来について逡巡することが多くなります。里親だけでなく、社会的養護の現場と呼ばれる児童養護施設や乳児院、児童自立支援施設、児童心理治療施設、児童援助ホーム、そして、ファミリーホームでよく見られる光景です。

　目の前にいる子どもたちには、もうすぐ子どもから大人へと移行するときが来ます。どうしたら明るい展開が望めるか、里親は何をしてあげることができるのか、自問自答の時間が増えていきます。多くの里親が、子どもの将来を考えずにはいられません。

　子どもたちにとって、「じりつ」とは何でしょうか。大人になることでしょうか。子どもはいくつになったら、「自立」するのでしょうか。

　子どもたちより、あるいは今の母親世代より、人生を少しだけ先に歩いてきた者としての目から見ると、人生には2種類の「じりつ」が必要です。

　1つ目の「じりつ」は、自分一人で物事を行うという「自立」です。そして2つ目の「じりつ」は、自分をコントロール

するという「自律」です。筆者は、この2つが相まって、子どもはひとり立ちするのではないかと考えています。

（2）その後の姿

わが家で養育した60人あまりの思春期の子どもたちのその後の姿を通して、「真のひとり立ち、自立・自律とは何か」を探ります。

出て行った子どもたちの1年後の姿は、大きく3種類・9通りに分かれます。

---

① 家庭復帰した子ども
    ⑴ 家庭に落ち着いている
    ⑵ 再度、児童相談所や警察に保護されている
    ⑶ 家出して行方不明になった
② 他の児童福祉施設や大人の施設に行った子ども
    ⑷ そこで生活している
    ⑸ 再度児童相談所に保護、あるいは大人の施設を転々としている
    ⑹ 飛び出して行方不明になった
③ 一人暮らしをした子ども
    ⑺ 一人で、あるいはパートナーと生活している
    ⑻ わが家に戻ってきた
    ⑼ 所在不明だが、時々連絡をよこす

里親は、①家庭復帰した子どもに関しては、それ以上踏み込みません。子どもと実親との結びつきが最も重要だからです。

ただし、実親からSOSが出て相談に乗ったり、親子で遊びに来たりして親交を深めることは多々あります。しかし、実親

の元に戻ったのであれば、こちらからアクションは起こすべき
ではないと、多くの里親は自ら戒めます。

　また、②大人の施設に入所した子どもには、面会がかなうな
らば会いに行きます。しかし、施設によってはそれをとても嫌
うところもあり、その場合は、時折、手紙やプレゼントを郵送
することで細々とつながっています。

　③一人暮らし、あるいはパートナーと暮らしている子どもは、
ある意味、自立しています。しかし、経済的には大変厳しい中
で生活をしています。子どもには、お金を渡すことはできない
と伝えてはいます。代わりに、米や食料品を送って支援してい
ます。

　とはいっても、どうしても困ったならば帰ってくるようにと
伝えています。ですから、当然のように戻ってきて、そのまま
2～3か月休んで、また出ていくことを繰り返す子どももいま
す。時々戻ってきては、台所から目ぼしいものを探しては根こ
そぎ持って帰る子どももいて、ごくふつうの親子と一緒です。

　上記のうち、3パターンは子どもの所在が不明です。

　同じ行方不明でも、(9)自立した後の行方不明は、間違いなく
生きているので安心です。なぜなら、里親のところにしか寄る
べき場所がないので、子どもたちは、時々生存情報（？）を伝
えてくるからです。

　「生きているよ」とばかりに、1年ごとにどこからともなく
連絡してくるので不思議です。また、子ども同士のネットワー
クで情報をつかむ場合もあります。

　(3)家庭復帰した後の行方不明は、子どもにも覚悟があるのか、
居場所をつかむのは困難です。また、実親に居場所を知られる
ことを嫌います。実親や親族から居場所を聞かれることもあり

ますが、里親の元に自ら連絡してこない限りは捜しようがありません。

　しかし、家庭復帰した子どもでも、真に行き詰まり、それでも実親に知られたくないというときは、間違いなく里親に連絡してきます。ですから、それほど心配はしていません。

　数は少ないのですが、最も心配なのは、(6)他の施設に入所後、飛び出して行方不明になるパターンです。大人の福祉施設に入所しているということは、知的障害や発達障害等を持っているということです。人に騙されやすく、それを思うと心配でたまりません。

　こういった帰結もありうるのだということを、知っておいてほしいと思います。以下は、長期間にわたり行方不明になった男性の事例です。

【事　例】

　高校に入学したものの1週間で不登校になり、厳しいしつけをする実父と折り合いが悪く、家出をしては児相で保護されることを何度も繰り返す、「高機能自閉症」と診断された男児です。

　幼少時より実父は男児を厳しく育てます。しかし、小学校5年生より不登校になります。圧倒的なコミュニケーション能力不足により、うまく人と話せません。実父から逃げるように放浪を重ね、家の人が留守の間に食料や金品を持ち出し、それが見つかると暴力行為がエスカレートするという悪循環でした。その後、児相に保護され、16歳で里親委託になりました。

　本人は博学で、国語・社会は得意でした。一方で、わざと怒りを買うような物言いをし、大人を小馬鹿にしたような態度をとります。知的障害を持つ児童に対して口やかましく説教し、

暴力を使い威嚇するなど目に余ることもたびたびでした。筆者は、暴力は絶対いけないと粘り強く言い続け、本人が自分の障害について受容できるように、情報を開示して、一緒に発達障害について学びました。長らく途絶えていたクリニックへの通院も付き添って再開し、精神障害者福祉手帳を取得させました。その後、Ｂ型作業所のお世話になり、３年後に家庭復帰しました。

　このケースには後日談があります。彼は家庭復帰後、両親の離婚を契機にまた放浪を始めます。そしていよいよ食べられなくなると、ふらっと現れ、しばらくの間わが家で生活します。家には帰りたくないというので、身の立つようにと障害年金の申請に行きましたが、実家庭では国民年金の免除申請などの手続きが行われていない上、精神障害者福祉手帳の更新もしていないことが判明し、夫は手続きに奔走しました。

　障害年金がもらえるようになった後に、実母宅に戻り、その後グループホームに入居し作業所に行くようになりました。ところが半年ほど経った頃でしょうか。彼は忽然と姿を消します。部屋がもぬけの殻になっていると、グループホームから連絡が入りました。不審な車に荷物を積み込み、行方不明になったことがわかりました。

　２年後、無事だけは確認できました。

　実家庭に戻れて、平穏な暮らしができることが何よりだとは思いますが、戻れない子どもも多いということです。特に障害が重ければ重いほど、実親は振り向きもしません。

　この男児の実母と委託後に最初に話したときに、「子どもがいなくなってほっとした、よかった」と言われてしまい、強い衝撃を受けたことを覚えています。

Ⅱ　里親の醍醐味と役目

（１）折に触れて支える

　里親養育の目的は、子どもの福祉です。簡単にいえば、子どもが最も幸せになる手伝いをすることです。なかでも子どもの究極の幸せは、実親の元に帰り、実親の愛情を一身に浴びて成長していくことです。

　ところが、平成30年の全国調査を見ると、里親家庭で預かった子どものおよそ38％に虐待された経験があります。虐待をした親の元に子どもを返すことは、大変なリスクを伴います。里親が考える子どもの将来の見通しについては、家庭復帰する見込みは11％にとどまっています。

　わが家の場合は、40％の子どもが家庭復帰しました。ですが、そのまま落ち着いた子どもは、そのうちの４割程度です。家庭に帰っても、６割の子どもには厳しい現実が待っていました。わが家から巣立ち、一人暮らしを始めた子どもでも、何とか生活を続けている子どもは半数に過ぎません。その子どもたちも、折に触れ励まし続けなければ、今にも倒れそうな状態です。それほどまでに、18歳で、一人で生きていくことには困難が伴うのです。

　今まで何人もの子どもが、一度は自立して、また戻ってきました。失敗を繰り返して、何度も帰ってくる子どももいます。今もまだわが家で生活している子ども（年齢はしっかり大人になってはいます）もいます。

　里親養育の醍醐味は、子どもとのかかわりが、預かっている間だけではないということです。養育里親であっても、中には一生のお付き合いになることも多々あります。生きている限り、人生の同じ時間をともに過ごした子どもたちを励まし続けることが、里親の役目なのかもしれません。

　筆者が養育した子どもたちの中で、この子はしっかり自立して生活しているし、今後も大丈夫だろうと思う子どもが数人います。その中で、一般的な幸せからは遠くかけ離れているのですが、たくましさを持って生きている事例を紹介します。

（2）SOS を出す力をつけ、たくましく生きる

【事　例】

　J子がわが家へやってきたのは、中学３年生も終わりに近づいた冬です。

　生育歴を見ると、実父の実母へのDVにより親族宅に預けられるなどして、小中学校を十数回も転校していました。その後、母と子ども４人は、父から逃れて車中生活を繰り返し、他県に逃れて母子生活支援施設に入所しています。

　その後、両親の離婚が成立し、きょうだい４人は児童養護施設に入所しました。幼いきょうだいは、その後もずっとその施設で生活していますが、本人は母の元に戻ります。しかし、実母は病気が悪化して入院してしまい、ほどなくわが家に委託になりました。

　それから、いわゆる底辺校と呼ばれる県立高校に進学しました。満足に授業を受けてこなかったにもかかわらず、ソコソコの成績をとってきました。大変勝気な子どもではありましたが、もともと持つ能力は高い、賢い子どもだと感じていました。

　わが家にやってきた当初は、深夜まで遊び歩き、無断外泊するなど決して素行はよいとはいえませんでした。しかし、だんだんと落ち着いた生活ができるように変わっていきました。J子の良いところは、叱られても決して人のせいにはしなかったところです。それどころか、自分が悪いと潔く認める姉御肌のところがあり、友人も多かったと記憶しています。

　そんな彼女も、実母のことを大変心配して、一日も早く家に帰りたいと言い続けていました。本人のたっての希望で、高校1年の秋に、実母の退院にあわせて家庭復帰することになり、帰って行きました。

　しばらくは高校にも通っていたようですが、結局はアルバイトに明け暮れ、とうとう中退してしまいました。家庭復帰後は何度か連絡をもらっていましたが、転居後しばらくして行方不明になってしまいました。

　再び交流が始まったのは、3年後のことです。同棲し、19歳で出産した後、愛らしい子どもを抱えたお宮参りの写真が送られてきました。彼氏（子どもの父親）と一緒には暮らしているけれど、籍は入れないと言います。離婚するために大変な苦労を重ねた上、とうとう精神疾患を患ってしまった実母のことや、家族が離ればなれになってしまったことを考えると、結婚はしたくないのだろうと推察しました。

　気晴らしに、子どもを連れて、時折顔を見せに来てくれるようになりました。現在は彼氏（子どもの父親）とは別れ、シングルマザーとしてたくましく生活しています。「子どもは決して手放さない」と言って頑張っていますが、「どうしても困ったなら、ギブアップする前に、ここへ帰ってきなさい」とだけはしっかり伝えています。

　自分の生育歴を決して悲観することなく、どうすればよいのかを考えながら、きっぱりと生きている彼女にエールを送りたいと思います。

　上手にSOSを出す力が、生活する上では必要不可欠です。すなわち、自分自身の心をコントロールして、今、何が必要なのかを見極める力、何をすべきかを考える力です。自立するために人の力を借りることは、決して恥ずかしいことではありません。人は一人では生きていけません。それを理解することが、真の「じりつ」への第一歩です。

　失敗しても、また起き上がればよいのです。そのために、倒れる前にSOSを出しながら、この世の中を生き抜いてほしいと願っています。

　SOSを出す力は、踏ん張る力とともに、自分をコントロールし、この世の中を賢く生きていくための大きな基盤です。自立して一人で生きていくことは、大変な困難を伴います。縁あって一緒に生活した里親一人ひとりが、子どもを支える力として、SOSの受け手として、アンテナを張り続けなければなりません。

Ⅲ　制度面から子どもの自立を考える

（1）さまざまな施策を利用する

　里親に委託された子どもや、児童養護施設に入所していた子どもたちは、幼少より安定した生活が送れていません。そのため、学習の機会がないまま育ってきていることが大変多いです。

　この問題に対処するため、国や地方自治体ではさまざまな施

策を用意しています。ここでは、里親がかかわる支援策について述べます。都道府県市によって、実施しているものに違いがあり、また、名称が違うこともあります。第4章第2節と重複するところもありますが、子どもたちの自立のための制度を中心に、再度確認しておきましょう。

（2）学習環境の確保や進学のための制度

　社会的養護の子どもたちのための施策として、学習環境の確保や進学についての支援があります。

　国や地方公共団体は、学習塾費用を支援する制度を設けています。ほとんどの自治体では、一定の金額まで補助しています。大都市では上限を設定していない自治体もあるようです。学習塾だけでなく、家庭教師も対象となる自治体もあります。また、高校・大学への進学に要する教科書代や制服の費用についても補助があります。これらのお金は、月々の里親手当と一緒に支払われます。

　里親家庭の子どもたちが、自分の考えを持って、将来の道を選択し、ゆくゆくは就職を果たし、自立し、また希望ある生活を送るため、大学等進学支援事業を取り入れている自治体もあります。大学等へ進学する里親家庭の子どもに対し、受験料や入学金の一部を助成する事業で、進学希望者の経済的負担の軽減を図ります。しかし、まだまだ厳しい金額の自治体が多いようです。

　そこで文部科学省は、新しく給付奨学金制度を創設しました。意欲と能力があるにもかかわらず、経済的事情により進学を断念せざるを得ない子どもの進学を後押しするためのものです。社会的養護を必要とする子どもたちや、生活保護世帯等の子ど

もたちが対象になります。

　私立大学等の中には、社会福祉学部等に進学する社会的養護の子どもたちを対象に、授業料を無料とする、寮費を減免するなどの支援策を講じる学校もあります。また国立大学などでは、収入に応じた授業料の減免制度もあります。

　これらを上手に活用して、子どもの自立に役立てます。

（3）措置解除後の住居や生活のための制度

　里親家庭やファミリーホーム、児童養護施設などで生活した経験がある人のことを「社会的養護経験者」と呼びます。社会的養護経験者の中には、生活スキルの不足や頼るべき支援がないなどの理由から、孤立に陥り社会生活が困難になる人もおり、解決すべき大きな課題となっています。

　期間満了（18歳到達時）、または高等学校卒業で措置解除された子どもは、自立する、あるいは親元に帰ることになりますが、なかには自立が困難な子どもも多くいます。そのような子どもたちの課題解決に向けて、以下の事業等があります。

① 児童養護施設退所者等に対する自立支援資金貸付事業

　里親家庭から自立し、就学や就職する子どもの中で、保護者からの支援を受けることが困難な子どもに対して、居住する費用や生活費を貸し付ける制度があります。児童養護施設退所者等に対する自立支援資金貸付事業といいます。

　就職する子どもには、2年間の家賃相当額や生活費を貸し付けます。新型コロナウイルス感染症の影響による内定取消や休業等により収入が減少し、経済的に厳しい状況に陥っている場合には、3年間の貸し付けが行われるなど拡

充が図られています。この貸し付けについて、仕事を5年間継続するなどの実績で返済が免除されることになりました。

　進学の場合にも、家賃相当額を大学の場合で4年間借りられるようになりました。また、生活費の貸し付けもあります。こちらも、卒業後5年間の就業で返済が免除されます。

　さらに、経済的に厳しい状況で、医療機関を受診できない児童養護施設退所者等を支援するため、疾病等により医療機関を受診する場合には、生活費の貸付金額を増額されることになりました。

　しかしながら、上記の免除要件は、社会的養護で生活してきた子どもたちにとってかなりハードルが高いものです。成功体験が乏しい子どもたちには、励ましが必要です。そうしたとしても、現実には継続して働くことは大変難しく、措置解除後の子どもを同居させている里親も少なくありません。

② 社会的養護自立支援事業

　社会的養護自立支援事業は、里親やファミリーホーム、児童養護施設等を18歳（措置延長の場合は20歳）到達により措置解除された子どもが、自立のための支援が継続して必要と判断された場合に、原則22歳に達する年度の末日まで支援を受けることができるものです（ただし、疾病や休学等で22歳の年度を越した場合も、卒業まで継続して支援が受けられるように変わりました）。

　事業内容として、支援コーディネーターによる継続支援計画書の作成が行われ、子どもに対して生活相談の実施を

　行うとともに、居住に対する支援、生活費の一部支給、学習費等の支給、自立後生活体験支援、医療連携支援、法律相談支援、就労相談の実施などを行っています。この事業は、ほとんどがNPO法人などに委託して実施されており、令和4年2月時点では、52自治体105か所で実施されています。

　これまでは、委託を受けたNPO法人の社会福祉士等が、里親家庭を訪問するなどして子どもの相談に応じていましたが、コロナ禍においてはオンラインで実施するなど工夫がされています。

　筆者の周りにも、里親の厚意で里親宅に一定期間とどまって生活する子どもはかなり見受けられますが、里親にとって経済的負担となっていましたので、こうした事業は大変ありがたい支援です。

③ 自立援助ホーム（児童自立生活援助事業）

　里親家庭や児童養護施設を出た子どもたちの受け皿の一つに自立援助ホームがあります。自立援助ホームは、児童福祉法6条の3に基づき、里親やファミリーホーム、児童養護施設等を措置終了した子ども等を対象として、15歳から20歳の無職の子どもの相談や、日常生活上の援助および生活指導ならびに就業の支援（児童自立生活援助事業）を行っています。

　令和4年改正児童福祉法で、年齢要件等の弾力化が図られ、20歳を超えても利用することが可能になりました。現在、令和6年4月の施行に向けて、運営基準やガイドライン等の検討が行われています。

　都道府県市によっては、就学者自立生活援助事業（大学

や高校に就学中の、満20歳に達する日の前日に児童自立生活援助を受けていた満20歳未満義務教育終了児童に対して20歳に達した日から22歳に達する年度の末日までを対象に児童自立生活援助を行うもの）や、社会的養護自立支援事業を行う自立援助ホームもあります。

④ 身元保証人確保対策事業

　児童養護施設に入所中や里親等に委託中、または解除後の子ども等に対し、①就職時の身元保証、②アパート等の賃借時の連帯保証、③大学等へ進学するための身元保証を施設長や里親が行う際に、損害保険契約を全国社会福祉協議会が契約者となって結び、子どもの社会的自立を促す、身元保証人確保対策事業があります（身元引受人確保対策事業が廃止になり、新たにこの事業ができました）。

　この事業は、社会的養護自立支援事業を利用し、居住に関する支援を受け、里親宅やファミリーホーム、児童養護施設等に引き続き居住している子ども、または社会的養護自立支援事業による支援が終了してからこの事業の申請まで5年以内の子どもが、父母（保護者）等に適当な保証人がないため、里親等が保証人となることが適当であると認められた場合に、里親が申請することができます。

　直接子どもに金銭的支援をするものではありませんが、子どもたちが社会に巣立つために必要な自立を後押しするものです。

　窓口は、各県の社会福祉協議会になりますので、児童相談所を通して、あるいは県里親会を通してお尋ねください。県里親会の事務局を社会福祉協議会が担っているところもあるほど、里親会と社会福祉協議会は密接なかかわりを

持っています。

（4）資格取得のための制度

　自動車免許を想定した資格取得費用に対しても、貸付制度（最高25万円）があります。里親に委託中の子ども、児童養護施設に入所中の子ども、退所から4年以内の大学等に在学中の人に対して、資格取得支援費の貸し付けが行われます。こちらは2年間の就業継続で返還免除になります。自治体によっては、同一の会社でなく、途中で転職するなどしても、仕事を続けていれば返還免除になる、あるいは返還猶予を設けるなどの規定があります。

　この制度は、就職に必要な各種資格を取得するための経費について貸し付けを行うことによって、就職や進学する子どもたちの自立を支援するものです。県の社会福祉協議会を通して貸し付けを受けるようになっていますが、自治体によっては自動車免許取得費用を全額公費で負担するところもあります。詳しくは管轄の児童相談所にお尋ねください。

（5）財産を守るための制度

　死別などにより親権者がいない子どもに代わって、契約や財産管理をする、未成年後見人支援事業を行っている県等もあります。この事業は、児童相談所が支援を行っている子どもについて、児童相談所長が家庭裁判所に未成年後見人の選任請求を行い、家庭裁判所より選任を受けた未成年後見人が必要とする報酬や損害賠償保険料の全部または一部を補助する事業です。親族里親は対象になりません。

　未成年後見人となった弁護士や社会福祉士等が、児童相談所はもとより、定期的に里親家庭を訪問したり、電話連絡をすることも多々あります。

　里親は、保護者である未成年後見人と、子どもの現状や今後について会合を持つことも多くあります。また、里親が預かって管理している少額の金品等に関しては、報告、承認を得るなどしなければなりません。

（6）制度の利用にあたって

　このように、さまざまな制度を国が用意しています。児童相談所の職員であってもよく理解していない場合がありますので、里親のほうが気をつけて申請するようにしましょう。このような制度を上手に利用できるかどうかは、子どものみならず、周りの大人がいかに制度を理解し、利用する力があるかにかかってきます。

　里親は、子どもたちの支援制度について、常日頃から勉強しなければなりません。社会的養護の子どもたちが少しでも幸せに、自立して暮らしていくことができるように支援していきましょう。

　残念ながら、国の制度上は存在しても、全額を国が出すわけではありません。国と県の負担が2分の1ずつが基本とされていますので、県の予算がつかなければ、制度そのものが使えない仕組みになっています。

　また、児童相談所の里親担当者は、措置費等の支給に関して直接に関与することはありません。そのため、給付金や支援金等の実務に精通している方を見たことがありません。つまり、

子どもたちが最も必要とするお金に関しての施策が浸透していません。

現状では、都道府県市の子ども家庭課、あるいは児童家庭課などの名称の里親への給付金等をつかさどる部署の担当者でないと、詳細はわからないのがふつうです。気になる施策が使えるかどうかは、児童相談所を通して尋ねてみましょう。

実際の里親手当等の支給は、区や市町村を通して行われるのが一般的です。そのため、里親が県等の子ども家庭課などへ直接請求するのではなく、市町村が代理請求して、里親の口座に振り込まれます。したがって、里親委託にあたり、市町村との間で代理請求の手続きが行われます。その後、月々の請求にあたり、領収書等が必要なものなどは市町村の窓口に持参するなど、市町村との付き合いも始まります。

地域によっては、里親が直接、県や児童相談所に請求するところもあります。管轄の児童相談所に確認してください。

ただし、ファミリーホームは里親とは違い事業ですので、各ホームによる毎月の直接請求が基本となっています。

このように、里親養育は、都道府県市等によって多少の違いがあります。特に、福祉に関する予算は、都道府県市の財政に左右されます。財政基盤が大きな行政ほど、独自の制度があります。

例えば、里親と預けられた子どもを取り巻くさまざまなリスクを総合的に保証する「里親賠償責任保険」などは、都道府県市が独自に運用し、全額公金で賄えるところもあります。しかし、そうでないところでは、里親会で一部賄う、あるいは全額里親が負担する場合もあるなど、違いが大きいものです。

全国里親会では、国の情報をいちはやく地方の里親会に伝達

するとともに、各地の里親会を通して得た里親の要望や、子ど
もたちの生の声を国に届けるなど、子どもにとってよりよい環
境が全国単位で実施されるように活動しています。それぞれの
県の独自の施策を知り、自分たちの県に働きかける活動もして
います。

　里親たちは日々、情報収集あるいは情報発信をし、子どもた
ちのために最善を尽くすのです。

Ⅳ　自立支援計画票

　児童相談所では、里親の意見も聞きながら、個々の子どもの
「自立支援計画票」《6-1》を作成し、里親に対してアドバイ
スをします。里親は、そのアドバイスに基づいて養育していき
ます。都道府県によって対応に違いがありますが、この計画票
のことを知っている里親はわずかです。

　児童養護施設や乳児院などの児童福祉施設では作成が義務付
けられていますが、ファミリーホームでは、独自の判断で作成
しています。

　この自立支援計画票があれば、里親は、日々の養育に追われ
て忘れてしまいがちな目標を、あらためて確認することができ
ます。それに、子どもに対しても、長期・短期での生活目標を
目に見えるかたちで示す工夫が、子どもの権利の上からも妥当
ではないかと考えます。

　子どもの長期の目標や、里親として目指すべきものを一覧に
して整理することで、支援するほうも、支援される子どもも、
自立に向けた行動を意識することができます。ぜひ児童相談所
のケースワーカーと話しあって、共通の認識を持ち、子どもの

《6-1》自立支援計画票の例

施設　○○　ホーム			児童自立支援計画票	作成者名　　○○
子ども氏名	○○	性別	生年月日	年　　月　　日（　　歳）
保護者氏名	○○	続柄	作成年月日	年　　月　　日
主たる問題	措置延長してほしいが、仕事が続けられるのか不安			
本人の意向	ホームにずっといたい。親と距離を置きたい			
保護者の意向	子どもと一緒に暮らしたい			
学校等の意見	ホームでバックアップしてもらわなければ、就労の継続は困難			
児相との協議内容	今後の支援体制について、就労が軌道に乗るように、半年間の措置延長を認める。その後は個人的にホーム独自で、子どもの支援を願う			
支援方針	朝食・夕食の提供。週末、金土は、ホームに泊まる。金銭管理についてはその都度本人と協議する			
第1回　支援計画の策定及び評価			次期検討時期：　××年　10月末	

子ども本人の目標

長期目標	就労を続けて、自立する			
本人の問題意識		目標	支援してほしい内容・方法	本人の評価（内容・期日）
短期目標（優先的・重点的な課題）	仕事が続くか心配	自分で乗り越える	措置を延長してほしい	ホームに来ない日はメールを送る（4月1日）
	運転免許を取る	出来る限り練習する	里母に教えてもらう	免許は取れた（5月1日）
	体重の管理（痩せないようにする）	毎日3食食べる	ホームでご飯を用意	ホームでは食べるが、一人の時は食べられない（7月1日）
	親と距離を置きたい	月1回程度面会	うまく親に話してほしい	児相で面会、その後親と買い物に行った（9月1日）

ホームとして			
長期目標	就労継続と、精神的自立（親族との関係改善）		
支援上の課題	支援目標	支援内容・方法	評価（内容・期日）
短期目標（優先的・重点的な課題） イライラ、落ち込み、食事の拒否	感情の波をコントロールできるように	食事の用意と励まし、睡眠の確保、職員の関わり	プレッシャーで、感情の波が激しい。引き続きの支援が必要
会社の駐車場で、事故を起こす	パニックにならない行動を支援する	ホームが保険会社と折衝	保険の担当者とで、事故処理と相手方に対する補償方法を決定
実親が本人に依存してくるが、本人は自立を希望	精神的に自立するよう支援する	実親との面会の設定を児童相談所にて行う	ホームが今後3年間責任を持って預かる旨を話し、反論はなかったが、本心は疑問
体調管理	声掛け	ホーム側が体調面を把握	連絡を密に体調面をフォロー

総合的判断（児相や第三者を交えた判断）			
長期目標	自立、そして納税者となるための継続的な支援		
支援上の課題	支援目標	支援内容・方法	評価（内容・期日）
短期目標（優先的・重点的な課題） 就労支援	職場での就労が続くような支援が必要	措置解除後も、ホームでの生活支援が適当	頑張って就労しているので、今後は休日の安息が必要
精神的な波について	自己での調整ができるように支援する	ホームに帰省しての生活支援と、メールや、第三者からの励まし	措置終了後は、特に第三者より指導する
親族との関係調整	ホームにおける措置終了後の支援	本人の気持ちに寄り添って、具体的なアドバイスが必要	電話の取次ぎの継続は措置終了後も引き続き行う
金銭管理	10月1日をもって終了する	10月1日以降の金銭管理を確認する。今後は食費実費を徴収する	通帳等の引き渡し

251

自立に役立てましょう。

　自立を目指す子どもに対しては、自分の長期目標に向けた当面の解決課題を、自分で考え、実践できるように指導することが大切になってきます。自分自身で問題解決を図る訓練をすることが、最終的には一人で生きていく力になります。それと同時に、大人に相談する力は、世の中に出たときに孤立を防ぐ大きな役割を果たします。

　社会的養護の子どもたちには、何も言わなくてもバックアップしてくれる大人はいません。だからこそ、声をあげる力を持つこと、助けを求める力を持つことが必要です。

　本人の夢や希望を後押しするために、里親は、子どもの長期目標や短期目標を児童相談所と共有することが重要です。

　里親の場合は、自立支援計画票は児童相談所が作成しますので、実際の書類を見ることはありません。ですが、長期短期の目標については、里親の意見も取り入れて、総合的な判断がなされますので、自立の指標を、子どもと里親が共有することが、地に足をつけた生活をするための大きな一歩になるでしょう。

　里親は、子どもを客観的な目で見つめ、的確な自立支援へとつなげることができるように、しっかり支援すべきでしょう。

Ⅴ　措置が満了するにあたり里親ができること

　子どもが18歳になり、委託期間が満了すると、基本的には、子どもは里親宅を出て自立しなければなりません。措置が解除になると、それまで当たり前のように行っていたことができなくなりますので、多くの手続きが必要となります。

　初めに決定することは、実親の元に復帰する場合を除いて、

どこに住むかです。進学にせよ就職にせよ、住居を定めなければなりません。アパート等を借りるならば、身元保証人制度を利用する、あるいは会社や大学の寮に入るなどが考えられます。また、里親宅に引き続き住む場合もあります。

　できるならば、措置の延長を児童相談所に願い出て、しっかりと自立を見極めた上で里親宅を離れる、あるいは措置を解除するほうがよいでしょう。ともかく自立が決まったならば、児童相談所の担当者に相談して、就職支度金や大学進学等自立生活支援費を請求してください。

　また、病院にかかる際に必要なこれまでの受診券は、措置解除日に速やかに児童相談所に返却しなければなりません。子どもは、実親の健康保険証を併用していた場合を除き、無保険状態に陥ります。ですから、就職する会社の社会保険に加入するか、居住地の市町村役場で国民健康保険に加入する必要があります。

　里親宅にそのまま住む無収入の学生などは、里親が擬制世帯主[7]となり、健康保険税として支払うことになります。国民健康険加入の際には、児童相談所が発行する措置解除決定通知書を持って居住地の役場に相談してください。

　一人暮らしを始めると、公共料金の支払い、銀行での自動振替の手続きなど、一つひとつ覚えなければならないこと、新たに経験することが出てきます。里親としてできる限りの手助けをしつつ、子どもの自立を促していきましょう。

7　国保被保険者の属する世帯で、世帯主が国保の被保険者でない場合があります。このような世帯を「擬制世帯」、世帯主を「擬制世帯主」といいます。各種届出や保険税の納付義務は世帯主にあり、通知書や納付書は擬制世帯主に送られます。

　里親宅が、疲れたときに立ち寄る、あるいは羽を休める場であることが、一人で世の中に出ていく子どもにとって、きっと大きな助けとなるでしょう。

Ⅵ　社会的養護出身者ネットワーク形成事業

　令和2年度より、社会的養護出身者ネットワーク形成事業が創設されています。子どもの自立に向けた継続的・包括的な支援体制を構築し、また、児童養護施設や里親家庭などの出身者が集まって意見交換する場の提供のため、NPO法人等による社会的養護出身者を対象とした交流会等を開催する費用の補助をするものです。

　今後、NPO法人より声掛け等が行われるものと思います。里親として情報をキャッチしたら、子どもに伝え、自立への一助として活用しましょう。

第3節　数々の疑問から里親養育を考える

　実際の生活の中では、数々のわからないことや疑問が出てきます。里親制度は国の制度ですが、都道府県等が主体となり運営されていますので、運用に差があります。

　ここでは、全国の皆さんから寄せられた共通の疑問についてお答えします。

保育所や幼稚園の利用

Q1.　保育所の利用はできるのですか？また、幼稚園はどうですか？

　はい、可能です。

　里親やファミリーホームは、基本的には、委託された子どもを幼稚園や幼保園に通わせます。しかし、管轄の児童相談所とよく相談して、保育所利用が子どもの最善の利益にかなうと判断された場合には、里親は保護者として、預かった子どもを保育所に通わせることができます（「里親に委託されている児童が保育所へ入所する場合等の取扱いについて」平成11年8月30日児家第50号）。

　養育里親やファミリーホームが委託児童を保育所に預ける場合には、市町村民税非課税世帯に位置付けられますので、利用者負担は0円です。

　養子縁組里親や親族里親については、保護者の所得に応じて負担金が発生する市町村もありますので、確認してください。

　保育所を利用していた幼児を受託した養育里親の中には、児童相談所の指示のもと、子どもがもともと通っていた保育所に通所させた例も数多くあります。児童相談所（実務は児童福祉司が担います）が居住地の役所と相談の上、子どもの養育環境をできるだけ変えないように配慮して、保育所の利用を認めたものです。

　こういった場合、児童相談所は、保育所や役所の福祉課、里親を含めてケース会議を開くこともあります。まれですが、実親も参加して話しあいが持たれた例もあります。まさしくチーム養育です。

　また、令和元年10月より幼児教育・保育の無償化が始まっています。これにより、幼稚園、保育所、認定こども園等を利用する3歳から5歳までの全ての子どもの利用料が無償化されました。

　無償化の期間は、満3歳になった後の4月1日から小学校入学前までの3年間です。幼稚園については月額上限が2万5,700円、通園送迎費や食材費等の負担はあります。

　幼稚園の預かり保育も上限はありますが、里親が預かっている子どもは無償化の対象とされています。

　詳しくは、児童相談所や市町村の担当者に問い合わせてください。働きながらでも里親として子どもが預かれるように、制度は変化しています。

放課後等デイサービスの利用

Q2.　放課後等デイサービスは里親でも利用できますか？

　はい、可能です。

　放課後等デイサービスとは、学校に通っている障害のある子

どもについて、授業の終了後や休業日に児童発達支援センターなどの施設に通わせて、生活能力の向上のために必要な訓練、社会との交流の促進、その他の便宜を供与するサービスのことです。

　これまで、義務教育終了の15歳から17歳の障害のある子どもが、高校ではなく、専修学校・各種学校に通学している場合は利用できませんでした。しかし、令和6年4月1日より、放課後等デイサービスによる発達支援が必要と市町村長が認める場合については利用ができるようになります。

　里親に委託される子どもの中にも障害を持つ子どもが増えてきました。そういった子どもに対して、専門的な療育を受けさせることや、放課後等デイサービスを利用することが、子どもの発達に大変よいとされています。

　放課後等デイサービスの利用については、児童相談所において十分検討し、児童相談所と市町村の間で十分に連携を図り、子どもの最善の福祉に相当すると判断されれば、可能となります。実際の利用について、里親は児童相談所と十分に相談する必要があります。

　放課後等デイサービスは、特別の支援が必要な子どもが利用するものですが、里子の場合は援護地（サービスにかかる費用等を支払う市町村）が必要になります。子どもの療育手帳の援護地は、実親の居住地や元の居住地などさまざまです。里親の居住地ではありません。援護地がどこかで揉めることもあります。

　サービス事業所や支援学校の所在地もさまざまです。児童相談所が間に入って、調整が必要になることも多いです。

　令和元年10月より、就学前の障害児の発達支援を利用する3歳から5歳までの子どもたちの利用料が無料になっています。

幼稚園、保育所、認定こども園等と併用する場合は両方とも無料です。

　児童相談所のケースワーカーや役所の福祉課等の担当者と十分な意思の疎通をして詳細を協議し、子どもの最善の福祉のために動きましょう。

予防接種の実施

Q3.　子どもの予防接種は里親ではダメだと聞いたのですが…。

　条件付きで可能な場合もあります。

　予防接種を行うにあたっては、子どもや保護者に予防接種の有効性や安全性、副反応について適切な説明を行い、文書により同意を得なければなりません。つまり、基本的には保護者の合意がいります。

　しかし、長期間にわたり子どもの保護者と連絡をとることができないなど、保護者の同意の有無を確認することができないときは、里親や、小規模住居型児童養育事業者の同意で接種できることになりました。

　ただし、保護者があらかじめ接種に反対している場合はできません。受託する前に、接種可の書面を保護者から得ておくよう児童相談所に依頼しておきましょう（「予防接種実施規則の一部を改正する省令」平成28年厚生労働省令第62号）。

　里親の措置児童等が予防接種を受ける場合には、かかった実費が支給されます。また、予防接種の際には母子手帳が必要です。コロナワクチン接種の際には、大人は接種証明書が発行されましたが、12歳以下の子どもの接種では、母子手帳にワクチン番号のシールが貼られました。

パスポートの申請

Q4.　里親家庭の子どもは、パスポートの申請をできるのですか？

できます。

　パスポートの申請には、戸籍謄本か戸籍抄本（未成年者では申請時の親権確認ができる戸籍）が必要です。また、写真もいります。戸籍謄本または戸籍抄本は本籍地の役所で入手しますが、里親が勝手に入手することはできません。児童相談所に相談して手に入れてもらいましょう。

　修学旅行・卒業旅行や子ども連れの家族旅行等、未成年者がパスポート申請の届け出をする場合は、必ず「法定代理人（親権者または後見人）」の署名が必要となります。親権者の署名が得られない子どもがパスポートを申請するときには、里親決定通知書（措置書）と里親の署名のある事情説明書（渡航同意書）を提出しなければなりません。

　中学校や高校では、修学旅行で外国に行くこともあります。申請から受け取りまでに2か月ほどを要しますので、詳しくはサポートセンターに問い合わせて、慌てないように早めの準備をしましょう。

姓の問題

Q5.　子どもの姓はどうしたらよいでしょうか？

　子どもの気持ちを一番に考えましょう。

　里親が受託した子どもは、養子縁組を前提として預かっている場合もあれば、養育里親として預かっている場合もあり、それぞれに違いがあります。

　いずれ養子縁組を考えている場合は、里親の姓を名乗ったほうが子どもにとって利益となりますが、自宅に帰る可能性が高い子どもにとっては実親の姓で生活するほうが子どもの利益にかなうでしょう。また、子ども自身がどう思うかが大切になります。

　公的な文書、住民票や学籍簿、健康保険証等の書類は実名で記載されています。しかし、学校や病院にかかる際の受診券等に里親の姓を使うことは可能です。里親姓を使いたい場合は、児童相談所に相談をしましょう。

　　⇒第5章第2節Ⅰ（2）参照

療育手帳の申請

Q6.　療育手帳が必要だと思うのですが…。

　児童相談所に相談しましょう。

　療育手帳制度とは、知的に障害が認められる方の社会生活上の負担を軽減するために設けられたものです。各地方自治体によって設けられているため、自治体ごとに取得基準やサービス内容が異なります。地域によっては「愛の手帳」と呼ぶなど、呼び方にも違いがあります。

　知的障害があるかどうかという判断の基準は、各自治体により数値は異なりますが、知能指数（ＩＱ）が、おおむね75または70以下とされます。また、日常生活における支障の程度を目安として、総合的に判断されます。障害の程度により、B2・B1・Aというように分類されます。A1・A2と細分化されていることもあります。

　里親が受託している18歳未満の子どもについては、児童相談所が判定をします。子どもの委託を受けた際には問題がないと

いわれていても、年を経るごとに症状が出てくることもあります。実際の生活の中で違和感を覚え、児童相談所に再判定を依頼した結果、障害ありとなった例がいくつもあります。療育手帳は更新がありますので、手帳に書かれた更新日を忘れないようにしましょう。

18歳を超えると、障害者更生相談所等が判定を行います。措置が解除になる際に、子どもに伝えることを忘れないようにしなければなりません。

また、療育手帳がないと、特別支援学校の高等部に進学できないこともありますので、児童相談所とよく相談しましょう（「療育手帳制度について」昭和48年9月27日厚生省発児第156号厚生事務次官通知）。

⇒第4章第1節V（2）参照

育児休業の取得

Q7.　里親でも育児休業を取得できますか？

はい、取得することができます。

平成29年1月に施行された育児・介護休業法の改正で、特別養子縁組のために試験養育期間にある子を養育している場合、養子縁組里親に委託されている子を養育している場合、養子縁組里親として委託することが適当と認められるにもかかわらず実親等が反対したことにより養育里親として委託された子を養育する場合にも、育児休業が認められるようになっています。事業主（会社等）へ申し出てください。

事業主は、労働者に対して子どもの出生等を証明する書類の提出を求めることができます。里親の場合、以下の書類です。

① 養子縁組の事実を証明するもの：
　➡官公署が発行する養子縁組届受理証明書
② 特別養子縁組の監護期間にあることを証明するもの：
　➡事件が係属している家庭裁判所等が発行する事件係属証明書
③ 養子縁組里親に委託されていることを証明するもの：
　➡委託措置決定通知書
④ 養育里親であることを証明するもの：
　➡児童相談所長が発行する証明書

　育児休業を取得できるのは、原則として子どもが出生した日から子どもが1歳に達する日（誕生日の前日）までの間で労働者が申し出た期間です。さらに、1歳を超えても休業が特に必要と認められる場合などは、1歳6か月に達する日（誕生日の前日）までの期間について、事業主に申し出ることにより育児休業をすることができます。また、保育所等に入れない場合など、最長2歳までの再延長もできます。国の基準を超えた設定をしている企業もありますので、詳しくは事業主にお尋ねください。

　なお、子どもの年齢が2歳を超えれば適用されません。注意しましょう。

季節里親からの里親委託

Q8.　季節里親として盆正月には施設の子どもを預かっていますが、その子どもたちは委託してもらえないのですか？

　ここ数年、児童養護施設に入所している子どもであっても、

里親へ措置が変更になる例が増えています。しかし、子どもの保護者（実母等）が、「子どもを里親に取られてしまうのではないか」「子どもが里親になついてしまうのではないか」「面会がしづらくなるのではないか」など里親委託への不安を抱き、里親委託を承諾しない例も多々見受けられます。

　そんな子どもたちに、家庭のモデルを見せるため、ふつうの暮らしを肌で感じさせるため、都道府県市が独自に「ふれあい里親」などの名称を使い、季節里親、週末里親などの制度を取り入れている例も多くあります。

　里親委託するには、保護者の承諾が必要です。保護者が反対の意思を表明している場合には措置の決定を強行できません。反対の意思表明がなければ、里親委託の措置を行うことは可能とされます。児童相談所は、できる限り承諾が得られるよう努めていますが、施設入所には承諾するけれども里親委託には反対する保護者も多く、里親制度と養子縁組を混同しているように感じます。こういった保護者は、ファミリーホームだと合意することも多いようです。里親制度をより正しく認知してもらうための働きかけが望まれます。

　また最も大切なのは、子どもの気持ちに寄り添って、子どもの生活の場を決めることです。

母子手帳の取り扱い

Q9.　母子手帳の取り扱いはどうなりますか？

　養育里親、養子縁組里親に限らず、子どもが委託された際に児童相談所から受け取らなければならない物に、母子健康手帳（母子手帳）があります。

　母子手帳は、予防接種の記録等、子どもにとって大切な情報

が記載されています。大人になっても必要になりますので、紛失しないように注意しなければなりません。

　母子手帳には、生母の妊娠中の情報をはじめ、子どもが生まれてから委託されるまでの成長の記録が記載されていますので、そのまま使用することがためらわれる場合もあります。また、そもそも生母から母子手帳自体をもらっていない場合もあります。

　そのようなときは、就学前（6歳）ならば、児童相談所の担当者と相談の上、居住地の市町村の窓口で手帳の再交付の手続きが可能です。

　6歳以上の場合でも、事情を話して手帳が再交付された例もたくさんあります。児童相談所を通して市町村の窓口で話してもらい、ぜひ手帳を手に入れてください。

実子とのかかわり

Q10.　実子がいるのですが、大丈夫でしょうか？

　確かに、家族の中に突然他人の子どもがやってきて、自分の親のことを、お父さん、お母さんと呼んだりされたら、子どもとしてはよい気持ちがしないのは当然のことです。

　あの頃は嫌だったという実子の声もよく聞きますが、里親をしている自分の親を誇りに思うと答える実子が多いのも事実です。

　里親の中には、委託の話が出たときに、真っ先に実子に確認して話を進める、あるいは実子を連れて委託予定の子どもに会いに行くという方も多いです。すでに大人になった実子によると、「自分の意見を尊重してくれる親の姿を確認したいのではないか」と話してくれました。「一番大切なのは実子であるあ

なた」との親のゆるぎない気持ちが子どもに伝われば、いずれ里親をすることに協力してくれるようになります。まずは実子の気持ちを尋ねて、時期を待ってから委託を受けるようにすることをお勧めします。

　⇒第3章第3節Ⅵ参照

転勤の場合

Q11.　転勤がありますが里親をすることができますか？

　里親制度は子どもの福祉のための制度ですので、場合によっては、他の都道府県等に居住する里親に子どもを委託する事例もあります。また、養育里親が転勤等で他の都道府県に転出することも多々あります。

　里親を希望する人の中には、自分の家庭は転勤族だから里親をすることができないという方もいますが、決して躊躇しないでください。委託された子どもとともに他の都道府県市に転居したときは、転居先の都道府県等に転居前の県等（児相）より関係書類が送付され、援助が依頼されます。この場合、里親は新しい都道府県等の指導監督を受けることになります。

　里親に登録されると、各都道府県（市）より書面にて通知が行われます。全国里親会では、実際の生活の場面で、里親と委託児童の関係が速やかに提示できるように、これまでの書面による通知のほかに、「携帯型の顔写真入りの里親登録証の発行」をお願いしてきました。令和4年3月30日には、厚生労働省より各都道府県（市）に「里親名簿の登録等に係る通知の利便性の向上について」という事務連絡が出され、いくつかの自治体で実現しています。これが全国共通の里親身分証明書となって、転勤等で県外に転居した際の手続きの簡素化につながり、里親

委託が進むことを願っています。

❋　　　　❋　　　　❋

　以上のように、社会的に保護が必要な子どもを里親が養育するために、国や、地方自治体は多くの配慮をしています。

　一人でも多くの里親が誕生して、一人でも多くの家庭が必要な子どもたちに温かな家庭が提供されること。これが、子どもたちの福祉のために重要な取り組みです。

　子どもたちの誰もが幸せになる権利を持っています。当たり前の生活をする権利があります。子どもたちの将来が、明るく希望に満ちたものであるように、里親として一歩踏み出す人が増えますように、里親とそこで生活する子どもたちを支援する方が一人でも増えますように、心から願っています。

あとがき

　この3年、誰も想像できなかったコロナ禍という未曾有の世の中において、人々は手探りの毎日を過ごしてきました。

　私たち里親が養育する子どもたちも、また、すでに世の中に送り出した子どもたちも、必死で生きてきたように思います。

　交流が久しく途絶えていた子どもたちが、3年ぶりにわが家に帰ってきました。たくましく生き抜く子どももいれば、憔悴した顔の子どももいます。人生の決断をした子どももいれば、相変わらず波に揺られている子どももいます。そして、傷ついた翼を休めに戻ってきた子どももいました。

　わが家には、20歳を過ぎた3人の元里子が今も暮らしています。児童福祉法改正により、20歳以上になっても社会的養護自立支援事業を活用して、同じ施設等で暮らせるようになりました。今後はどの里親家庭でも、子どもが希望すれば、同じ環境で生活し続けることができるのではないかと密かに期待しています。

　振り返れば、里親生活も4半世紀を過ぎました。

　私が里親を始めたころの里親委託率はわずか6％でしたが、今では4倍になりました。隔世の感があります。

　69人の子どもをお預かりしてきましたが、私たち夫婦は「里親は委託が終わってからが本当の里親だ」と思っています。

　一番上の子どもは33歳、遠く離れた関西で3人の子どものお母さんをしています。一番下は12歳、この春、中学生になります。

　地域の皆様、学校の先生方、児童相談所や社会福祉協議会、友人、知人、親族と多くの方々の支援があればこそ歩めた里親

人生です。

　養育を手伝ってくださった河野一家には感謝しかありません。「吉田ホームを応援する会」を立ち上げて、支援していただいた紫牟田和男元児童相談所長はじめ会員の皆様には大変お世話になりました。

　深く御礼申し上げます。

　河内美舟全国里親会会長を筆頭に、先輩里親について回った日々、ともに養育に駆けずり回った同期の里親さんとの日々は、懐かしい黄金の思い出です。

　養育に行き詰まると、私は、若くして亡くなったある縁組里母さんの遺品「トールペイントの木靴」を眺めます。

　彼女の子どもへの深い愛情と無念の思いが、施されたペイントの一筆一筆を通して伝わってきます。頑張ろうと勇気をもらいます。小さなお嬢様をご主人様は男手一つで育てられました。そろそろ社会に出られるころでしょうか。

　夫・健児と始めた里親人生です。
　娘・舞衣が後押ししてくれた里親人生です。

　お母さんのようなお母さんになりたいと言ってくれるように。
　お父さんのようなお父さんがやっぱりいいと言ってくれるように。
　いつの日か、この家に来たことをよかったと思ってくれるように。
　大人になったら里親をしてみたいと思ってくれるように。
　心を込めて丁寧に、私たちは残された里親としての日々をひたすら過ごします。

全国各地の里親さんと知り合い、親しくしていただいています。どの里親さんも、子どもたちの幸せを求めて孤軍奮闘の毎日です。

　一人でも多くの子どもたちが確かな未来を拓くことができますように。次の時代が子どもたちの夢をかなえることができますように。多くの皆様とともに、子どもたちの将来を支える人生でありたいと願ってやみません。

　子どもたちが幸せな人生を歩むことが、私たち夫婦の喜びです。

　この度、思いもかけず改訂版発刊の運びとなりました。編集の白山美沙季さんには大変お世話になり、ありがとうございました。

　この本が多くの皆様方の里親理解への一助となり、子どもたちへの支援の輪になってつながっていきますように、心よりお願い申し上げます。

子どもたちの幸せを願いつつ

吉田菜穂子

● 著者略歴 ●

吉田 菜穂子（よしだ なおこ）

昭和33年生まれ。
博士（学術・福祉）・修士（社会福祉学）
専門里親・社会福祉士・保育士・介護福祉士

公益財団法人全国里親会評議員
福岡県里親会会長
里母の自助グループ「どんぐりキッズ」代表
夫とともに平成10年に里親登録をし、現在までに69人の子どもたちの養育にあたる。

改訂版

里親になりませんか
子どもを救う制度と周辺知識

令和2年10月20日　初版発行
令和5年4月1日　改訂初版

 日本法令®

〒101-0032
東京都千代田区岩本町1丁目2番19号
https://www.horei.co.jp/

検印省略

著　者	吉田菜穂子
発行者	青木健次
編集者	岩倉春光
印刷所	日本ハイコム
製本所	国宝社

（営 業）	TEL　03 - 6858 - 6967	Eメール	syuppan@horei.co.jp
（通 販）	TEL　03 - 6858 - 6966	Eメール	book.order@horei.co.jp
（編 集）	FAX　03 - 6858 - 6957	Eメール	tankoubon@horei.co.jp

（オンラインショップ）　https://www.horei.co.jp/iec/
（お詫びと訂正）　https://www.horei.co.jp/book/owabi.shtml
（書籍の追加情報）　https://www.horei.co.jp/book/osirasebook.shtml

※万一、本書の内容に誤記等が判明した場合には、上記「お詫びと訂正」に最新情報を掲載しております。ホームページに掲載されていない内容につきましては、FAXまたはEメールで編集までお問合せください。